Healing
Art
Museum

疗愈
美术馆

用 名 画 抚 慰 人 心

[韩] 李沼泳 / 著
李舟妮 / 译

江苏凤凰文艺出版社
JIANGSU PHOENIX LITERATURE AND
ART PUBLISHING, LTD

CONTENTS 目录

PREFACE

CHAPTER-1

在美术的世界里和自己对话

CHAPTER-2

用美术抚平人生的伤痛

C H A P T E R - 3

那些指引我人生的画家

C H A P T E R - 4

美术即是人生

推荐序　艺术让人成为人

PREFACE

功能性教育有一点很大的弊端就是把知识和信息获取简单粗暴地划分为“有用”与“无用”的，技术性的职业技能被认为是“有用”的，而人文学科常常被误解成为“无用”的。然而在文艺复兴的年代，人们却普遍相信，只有通过研究艺术、文学和哲学，个体才能成为一个完整的人。艺术，指的是成为“人”的方法，以区别于生物学物种概念的“人类”。自文明诞生的初始，人们对于美就有一种自发性的向往，在我们的内心深处激发出一种渴望生活、渴望爱意的力量。那些之所以成为不朽的作品里面折射出了你我的生命。在《艺术：让人成为人》里有一段话：“学习这些可以让我们向内心之中看到我们的所思所想，看到创造性冲动呼唤着我们去释放的东西，这一向内心之中迸发的旅程可以帮助我们面对真正的自我，帮助我们确认我们是谁。”

艺术以及艺术教育的终极目的是为了培养我们对于生命的敏感。我们与艺术的相处，是一个逐渐和真实自我相遇的过程。

当所有民族原始宗教的萨满祭司带领着部落族人，在篝火边通过简单的鼓点拍子以及舞蹈，回应诸神的耳语的时候，艺术就已经悄然诞生，伴随着人类文明成长始终。萨满是最早的艺术家，也是最早的医师。艺术与医术在最初的时候互相纠缠交织在一起。随着文明的成熟，许多行业日趋细化，我们开始有了职业的医生与艺术家，然而在某些程度上还是相似的：医生治愈我们的肉身，而艺术治愈我们的心灵。

在这个不安宁的世界里，我们迫切地需要某些东西去抚慰我们的灵魂。人类作为一种群居的存在，我们需要掌管逻辑判断分析的左脑来学会社会化生存技巧；而艺术训练了我们右脑关于感受直觉情感的能力，让我们与自己、与宇宙更好地联结与沟通。艺术最显而易见的疗愈功能就在于，它平衡了我们的身心。

在这个人人都行色匆忙、焦虑浮躁的世界里，很多人都会误解“艺术”和自己是无关的，美术馆仿佛就像城市的摆设，而艺术市场是一场资本游戏。仿佛艺术与人们的日常生活是疏远的，仅仅是一种墙壁上和精神上的装饰。

造成多数人和艺术之间的隔阂之处在于，人们在面对外部世界的时候，习惯了用左脑去分析处理信息，习惯于提出“懂不懂”的疑问，试图（也是妄图）去深究目的和意义所在。于是那些与经验主义差别甚远的抽象扭曲的线条色块对他们造成了困扰，于是只好直言不讳地认为自己“看不懂艺术”。然而艺术其实不存在“懂不懂”，只有个体“喜欢不喜欢”。是否被吸引被联结，是一个超越了知识逻辑回归到本能的过程。这是我们作为一个生灵最原始的本能，只是被我们在不断社会化的过程中遗忘了，就像在喧嚣之中，我们很多人逐渐丧失了爱与被爱的能力那样。

我猜想，艺术从来不是一件有关于“如何去思考”的事情，它是一件关乎“如何去感受”的事情。一切尝试的解读，在某种意义上都是误读。我们需要的仅仅是凝视它，把呼吸调整到和它一样频率，就自然而然读懂了它旷日持久的沉默里丰富而隐秘的信息。

我们在艺术作品里真正看见的都是自己，是自己某种状态、某种情绪在艺术作品里的一个投射。是我们的眼睛赋予了万物意义，这个世界是如何呈现在我们脑电波中，取决于我们看待这个世界的角度。

于是，这是关于“如何去看”的命题，就像贾科梅蒂一直强调的那样，作品是“再现所见”，而非“再现所知”。然而佛陀告诉我们，五色令人盲。我们需要的不仅仅是用眼睛去观看，而是用心去观看，正如高更说的那样：“我闭上眼睛，为了能真正看见”。在禅宗思想里有“知识障”一说，因为我们的认知和傲慢的逻辑分析评判往往会带来欺骗和愚弄，蒙蔽了我们的视听。从印象派石破天惊地把感觉里的“印象”涂抹在画布上开始，发展到20世纪受东方哲学影响颇深的当代艺术，都进一步成了“再现所感”的媒介。

很难真正说的清楚，我们用肉眼看到的客观世界和我们感受到的主观世界，哪一个是真实的。人们惊叹梵高作品里那些短促有力的浓厚油彩泼出来扭曲成漩涡的风景，当我来到了他当年作画的南法小镇阿尔勒，被强烈的阳光刺痛得产生了幻觉的时候，忽然明白，梵高其实是一个写实主义的画家。

也许我们都有这样的经验，当我们与一件伟大的作品相遇，内心之中通过一阵暖流，身体颤抖，寒毛竖立，一种几乎眼眶潮湿般的感动。你莫可名状是作品之中什么东西瞬间刺痛了你，那是被法国符号学家罗兰巴特称之为“刺点”的东西：一种偶然的东西，却在刹那之间用情绪伤害了我。我们用左脑去分析作品的时候，分析画面上的世俗人情，判断年份和真伪，都是在枚举画面之中的“信息点”，而作品打动人心的魅力在于“刺点”——

作品所蕴含的巨大能量所爆发的豁口。我们身体无法控制地产生这样的反应，是因为在那个时刻，我们获得了能量的补给，我们从世俗世界里跳脱出来，与宇宙的疏空寥廓直接对话，与高层意识联结在一起。

伟大的艺术作品，或许都是从艺术家个人化的角度出发，却最终能够联结到全人类共有的情感体验。当观看的人隔着时空阅读它们的时候，能够被这样的情绪再次联结到一起，产生共鸣，获得治愈，并且从中汲取到某种力量。

这样被封存在作品里的情感体验是如此的似曾相似，仿佛和我们每个人的内心深处某个遥远的过去彼此应和，牵引着某种呼之欲出的情绪。你忍不住回溯到某段潜意识深处的记忆，在此释放了那些狭路相逢的恐惧和不安，又或者是重新触碰到那些柔软和温暖。那些尽管隔着几百年几千年物是人非、并且超越了语言文化宗教种族种种差异,却在某种频率上引起个体的共振的存在，是一种被我们称之为 Humanity 的东西，闪耀着伟大人性光辉。

当被联结的那一刹那，你仿佛与无数个曾经存在于这个星球的生命的某段脑电波相遇,完成了一场超越时空界限的感同身受，一场心照不宣的殊途同归。

在那个时刻，你明白，你并不孤独。

在莫斯科的卢米埃尔摄影美术馆的某个展览上，我看见墙上有一句话：“我想，那些优秀绝伦的伟大人物，其实他们所需要的并非是崇拜与仰慕，而是理解。”

然而互相理解也许是这个星球上最奢侈的享受。我们生命中那些无法承受的轻，那些无法言说的痛，那些隐秘的周折体会以及那些无法触碰的伤口，最终都抽象成为一种语焉不详的气氛和情绪。我们之所以孤独，是因为我们无从彻底表达这种无法用文字语言精准勾勒描绘的体验，彼此无法看见内心，甚至有时候自己也不明白这些细腻丰富情绪的根源出处，或者是羞于承认自己内心的脆弱。我们受困于此，无法传递讯息，只能无助地沉默嘶吼。

葡萄牙民歌题材 Fado，词根来自于拉丁语“命运”，然而葡萄牙人们解释 Fado，说这是一种“哭泣，为了无法用语言表达的原因”，他们还说，世界上第一首 Fado，就是婴儿出生时候第一声啼哭。这种民间说法难以考证，然而我却深深被其打动。

《迷失东京》的海报上写着“Everyone wants to be found”——每个人都渴望被找到。而我们每个人都渴望找到自己。

有一类人勇敢地打破了这种被禁锢的宿命，用音乐用颜料用肢体等等感官语言试图去表达自我，在一个孤岛上，向外界向宇宙发出讯号。而无论他们是不是能够被别人找到，事实上在那个过程中，他们治愈了自己。

我们无法逃离孤独，可是我们却可以逃离沉默。

无论你是不是一个艺术家，在创作的过程里，我们短暂回避了大脑逻辑判断的控制，这个时候我们不是在用眼睛去“看”，而是在用心去“感受”，这和冥想如出一辙。在与艺术的相处中，我们与自在小孩（Inner Child）对话，血肉模糊地找到内心中缺失的那个部分，以及自己与这个世界的关系，克服并且接受自己的缺陷，治愈了自己灵魂的创痛。

后来的我们被作品里的能量所感染，仿佛倾听着另外一个灵魂的耳语，在那个时刻，我们分享着某种模糊而相似的体验。正如我们在一首乐曲里失声痛哭，却是痛哭着属于自己的故事，尽管每个人哀伤的理由不尽相同，可是“悲戚”本身却像是一座桥梁，打通了彼此的心灵。我们挣脱了这个星球上维度的束缚，紧紧拥抱在一起，在灵魂深处互相慰藉。

这本书是一个艺术从业者的喃喃低语，她从私人化的角度来讲述她与那些伟大艺术作品相遇的故事。人生对于每个人来说都像是一个巨大的迷宫，充满了无数困惑和内心的焦灼，以及各种情绪的此起彼伏。幸好我们有艺术这样的镜子，我们从此之中照见自己。在我们寻找自我的漫漫征途中，它们就像天空之中最明亮的星星那样给予我们指引，让我们不会轻易迷失，它抚平我们的伤口，把源源不断的力量注入我们的灵魂之中。我也曾在无数次黑暗和沮丧之中发出过“艺术拯救了我们”这样的肺腑之语。每个人的经历不同审美不同，因此能被联结到产生共鸣的作品也不同，作者提供了一种与艺术相处的方式以及观看的引导，如何在艺术作品的自我投射里去应对种种生命的课题。

“太阳底下并无新鲜事”，那些人生措手不及的难题与痛，尽管呈现形式不一，却最终提炼抽象成那些被伟大作品反复咀嚼的情感体验，因此我们不再恐惧和慌张，那些力量始终与我们同在。

策展人　郑铁

2016 年 9 月

序言　美术是疗愈人心的天堂　PREFACE

“你喜欢逛美术馆吗？”

“当然了，我逛多少次都不会腻。”

“可是我一看见艺术作品就会打瞌睡，你不会吗？”

“可能是因为你看的作品还不够多吧。如果你多看一些、多发现一些自己喜欢的作品，就能体会到其中的妙处了。”

上面这段对话发生在我与一位朋友之间。当时，我正在市立美术馆做解说指导，这位朋友恰巧前来看展，然而他面对满厅的作品却不知道从何看起。他的困惑很正常，欣赏艺术作品本来就不是一件容易的事。在我们的生活中，往往那些没有标准答案的事情比较难以完成，比如爱情、事业、梦想等。艺术也是没有标准答案的，所以艺术同样是复杂的。从某种角度来说，欣赏艺术作品就像是一场迷宫探险，或者说猜谜游戏。

在艺术作品面前，你不必担心自己看不懂。哪怕是像我这样本科硕士阶段均为美术专业、看了十几年艺术作品的人，在展览上碰到看不懂的作品也是常有的。事实上，总有一些艺术作品是我们无论如何也理解不了、不管怎样也无法产生共鸣的。这时候，我们只要按自己的方式去观看、去体会就可以了。要知道，在艺术观赏的领域，所有猜测都是被允许的。

在任何一幅美术作品面前，只要你以“在我看来……”作为开头开始评论，就没人有资格剥夺你表达的权利。不过，从我授课以来，见过太多羞于表达自己想法与感受的人，这大概是我们与生俱来的习惯所致。如果你恰好属于这类不善表达的人，就更应该加强练习了。你不妨试试从欣赏绘画作品开始，主动表达一些自己的感受。很快你就会发现，你的表达能力和自信心提高了。

当然了，我们对艺术的品评不能违背艺术史实。但是在我看来，即便对美术史一窍不通的人，也完全有资格欣赏和解读作品。解读艺术，既是突破自我思维界限的过程，也是发掘过去、探索未来的过程，更是重拾自我信心与勇气的过程。

欣赏艺术并不是一件奢侈的事。你可以在展览现场尽情观看，也可以通过网络和书籍与艺术作品亲密接触。

你完全可以将艺术融入生活，因为艺术本来就和生活一样，是没有统一标准和正确答案的。

我有每天写日记记录生活的习惯，也喜欢将自己的想法整理成书。虽然在写作的过程中我也时常有表达的恐惧，但回过头看，正是这些表达的成果让我的生命变得丰沛充盈。

艺术家的创作大致也是如此。他们将自己渴望保留的东西以作品的形式表达出来。这样，即便在他们离开以后，那些宝贵之物也得以被世人所铭记。

艺术对我们而言为何如此重要？我想，是因为它所带给我们的启示。因为有了艺术，我们才得以体验那些生命中相当重要的经历，即在所爱之人、事物不复存在之后仍可捕捉到他们的灵魂与神韵。

这段话出自作家阿兰·德波顿（Alain de Botton）的著作《艺术的疗效》（*Art as Therapy*）。在读到它的一瞬间，我就被深深折服了。对于艺术的热爱，我也曾想过用语言来表达，却始终无法清晰描述，而这段话竟然准确无误地讲出了我的心声。如果说艺术果真能使灵魂与神韵长存，那么我们所欣赏到的艺术作品，无疑就是艺术家们人生中最闪耀时刻的结晶。这是多么不可思议的一件事！艺术家们将他们最渴望铭记的美好以绘画作品的形式留给后世的我们，如同大厨将最高营养、最低卡路里的精美食物奉上餐桌，让我们体会到无与伦比的满足与幸福。

在艺术史的长河中，有过数也数不清的艺术家。他们中有的享誉盛名，有的默默无闻，有的直到去世多年才为人所知晓，也有的年少成名却惨淡收场。不论如何，他们的作品没有好坏之分，只有永恒的多样性。

人类的艺术，就是由这些性格各异的艺术家，带着各自不同的人生价值观创造而成。关注幸福与爱的艺术家，将丰沛的情感注入作品中；关注时代变迁的艺术家，则将强烈的批判意识融入创作；而沉浸于忧郁中的艺术家，则用暗色调来描绘他们眼中不一样的世界。

画家们以绘画为媒介，表达自己的所思所想。有的画家天真率性，有的画家沉默寡言，还有的画家充满野心……不同性格的画家们，将他们的观点通过艺术进行升华。

理解美术，就是理解画家创作历程和个性特点的过程。通过研究绘画和画家，我学会了如何更好地理解他人、理解生活乃至理解自己。

人似乎总是有低估自己的倾向。在很长一段时间里，我曾经为自己除了画画和阐释作品之外别无他长而感到懊丧。

也许是自幼全心学习美术的缘故，我对数字毫不敏感，对经济学也一窍不通，对很多社会生活所必须具备的技能储备不足。因此，在刚刚工作的阶段，我遭遇了不少挫折。但后来反过来一想，正是因为我从来没有想过从事美术教育以外的职业，也没有太多贪念，才能始终坚持在自己所热爱的领域，而这又何尝不是一件幸事。

从艺术作品中探寻艺术家们的人生经历，寻找作品背后隐藏的意义，并以尽可能公正的态度展开评述，让更多人感受到艺术的美好与力量——这就是我将始终坚持下去的工作，我将之称为“人生课题 Life Work”。

所谓人生课题，便是一个人终其一生所追寻的目标。围绕这个目标，以自己喜欢的方式和节奏展开工作，便是我所追求的生活方式。当你始终从事着自己真正喜欢的事业，你就能从日常的烦琐中寻找到乐趣，并体会到人生的极致快乐。

艺术作品教给了我许多人生哲理，也让我收获了数不清的感动与温暖。在《疗愈美术馆》这本书里，我试图将绘画作品背后的意义与自身的生活经历相结合，努力传达出具有治愈心灵的内容。

“对你而言，艺术意味着什么？”

如果有人这样问我，我会毫不犹豫地回答：

“疗愈。”

那些作品曾经深深地感动过我，让我时而驻足停留，时而心头一热，时而肃然起敬，时而欣然一笑……在无数的美术作品中，哪怕你只见过几幅，也足以让人生增色。如果你还没有遇到，那就在本书里与之邂逅吧。希望你从画家多彩多姿的笔触中，收获感动与力量。我相信，美术馆是疗愈人心的天堂。

CHAPTER-1

在美术的世界里
和自己对话

名画治愈我们的心灵

艺术是一种让生命变得更可以承受的人性化方式。

–

Kurt Vonnegut

库尔特·冯内古特

我的生活总是和艺术相关。我每天看画，教人画画，写下与美术有关的文字，但很多时候只是忙于工作，甚至抽不出时间真正欣赏一幅画。在这样的日子里，我总会无比想念那些给人带来内心平静的作品。如果把它们比作一张安乐椅，那我愿意倚靠在上面长坐不起。

除了疲惫与忙碌之外，生活中还免不了一些伤感。随着人到三十岁，我逐渐明白悲伤并不是一件需要理由的事，也许仅仅是因为心里空落落的。没有来由的悲伤，往往与孤独有关。在这样的日子里，最适合观看那些会流动的画了。流动的河水，流淌的色彩，流动的眼泪，流血的伤口……总之要让一些东西流走，才能时来运转、雨过天晴。

二十八岁那年，我开始创业。在最艰难的起步阶段，我总是忍不住自怨自艾：为什么倒霉的事情总是发生在我身上？为什么老天总是折磨我？早知如此，倒不如什么都别做，在家待着算了……在那些苦不堪言的日子里，我常常在上下班的公交车上默

巴杰尔河边的雨

Naberezhnaya Rei v Bazele v Dozhd'

●

亚历山大·贝努阿

●

1986

纸上水粉

默流泪。而《巴杰尔河边的雨》便是在那段时间看到的作品。

人来人往的街道上，大雨倾盆。雨是这样一种东西，你越是想它来，它越是不来；你越是不想它来呢，它偏又来了。当你孤独悲伤，渴望阳光的抚慰时，它会冷不丁地冒出来，让你雪上加霜；当你烦闷难当，渴望一场豪雨降临时，它偏又淅淅沥沥、绵延不绝。在变幻莫测的天气里，最不让人称心如意的大概就是它了。

画中的男子试图用雨伞作为防具，抵挡雨点的进攻。但是他遮住了脸，却淋湿了身子，遮住了身子，但又淋湿了脸。在这场令人狼狈不堪的雨中，唯一面不改色的就是那只可爱的小狗了。它依然兴高采烈地蹦跶着，和往常一样。

“一场雨而已，淋不湿我的人生！”

这幅画的作者，是俄罗斯画家兼舞台艺术家亚历山大·贝努阿（Alexandre Benois，1870—1960）。他出生于沙皇俄国，后移居法国，在20世纪初创办了俄罗斯著名的艺术类杂志《艺术世界》（*Mir iskusstva*）。他既会画画，也会服装设计，而最擅长的则是舞台艺术。父亲尼古拉·贝努阿是一位著名的建筑设计师，曾经设计了著名的马林斯基剧院和莫斯科波修瓦剧院。母亲则是一位音乐家。在父母的影响下，他从小就会欣赏歌剧和芭蕾舞剧，最终从事舞台艺术也是情理之中。他是一个综合型艺术家，在奥地利、德国、法国等国同时展开剧本创作、舞台督导、绘画、设计、出版等多项工作，人生起起伏伏，成功和失败的经验也比常人多出许多。他描绘的雨天景象，很容易让人联想到生命中不期而至的挫败与烦恼。

每个人在生活中都难免会遇到一些意想不到的困难，就如同出门在外，难免碰到几场不期而至的阵雨。我们不可能为所有的突发事件做好准备，所以在突然袭来的雨中，总免不了一阵仓皇失措。

在卢熙京导演的电视剧《他们生活的世界》中，男主人公有一句台词让我印象深刻：

我妈曾经说：命运这个家伙，从不按常理出牌。它绝不会在我们有所准备的时候迎头痛击，而是喜欢在我们毫无防备的时候从背后捅上一刀。不过，你也不用因此而难过，因为它捅刀子的对象永远都不只你一个。

我妈还常说，什么事儿都不是事儿。但她毕竟是一个有六十年人生经历的人啊，对于二十多岁的我们来说，所有的事儿都是事儿！天哪！

是的。生活总是在我们毫无防备的时候从后面捅一刀。此时此刻，我们中有的人正陷入突发状况的乱局之中，有的人正行走在暴雨中默默承受苦难。这就是我看到这幅画时，所想到的。

“雨点不会只落到一个人头上。所以，不要觉得只有你一个人在受苦受难。”

我们所有人都在淋雨。今天可能是我忘了带伞，明天可能是他忘了带伞。只要一想到“我不是一个人”，心中便宽慰了不少。

对我而言，看画是一种很好的自我安慰途径。只要以一种开放的心态欣赏绘画，就能找到画家所希望表达的，乃至画家本人都不曾意识到的更深层的意义。不论多么伟大的美术作品，如果你没有用心去感受，那么也与观看一幅信手涂鸦无异。相反，即便是一幅平凡的画，只要你以开放的态度去欣赏，也能从中找到可取之处。

在韩国，和我一样毕业于美术专业的大学生数不胜数。在外人看来，我们这些美术生穿着时尚、品位不凡，过着光鲜亮丽的生活。然而当我们告别校园、进入残酷的就业竞争中时，却比大部分其他专业的学生更狼狈。

打开那些号称“为年轻人点燃梦想”的就业网站，你可以看到管理、市场开发、IT 技术、化工制造、新闻传播、人事、建筑规划等数也数不清的职位，但其中适合美术生，尤其是女生的工作，却寥寥无几。即便是那些专业对口的设计公司，也更青睐服完兵役的男生，而不是女生。美术系的女生，要么为一个月薪 5000 元的美术馆解说员职位挤破头，要么从事其他薪水更加微薄的与美术相关的工作，要么干脆重回学校继续攻读硕士。

而事实上，也只有在首尔仁寺洞的高级画廊，才能给苦读 4 年的美术系学生“5000 元高薪”。在其他大部分画廊，你首先得经过月薪 4000 不到的 3 个月实习期。当你怀抱着“转正之后应该会涨工资”的美好愿望干完实习期，就会在签订就业合同时发现正式工资还是和实习期一模一样。你大可以愤而离职，而画廊也绝不会苦苦挽留，因为门外还有大把毕业生排队等着这份工作。

在我大学毕业的那个年代，大部分美术系毕业生的确就是这么惨。哪怕你英语比别人好、手上有一堆证书，甚至会好几门外语，只要你做的是美术和设计相关的工作，就得朝九晚九地拼命干活，领取每个月五六千的低薪水。在职场上苦苦拼搏了几年，我终于明白我最适合做的事情不是设计，而是美术教育。这件事我做起来最快乐，也比别人更擅长。于是，我便开始在美术教育界闯荡，不知不觉就过了十几年。

别看学艺术的女生外表时尚漂亮，实际上会干的活比工地上的工人还多。比如像我们学工业设计的，除了要懂焊接、会建模之外，还得掌握各种工业材料的特性，同时还要懂得如何用金属、木材和塑料等材料进行机械加工。我们系的女生，操作起砂轮机、钻孔机来，就像吃饭一样熟练。我们最常出没的地方不是时尚秀场或安静的美术馆，而是清溪川街道上林立的辅料店、金属材料店。

除此之外，我们还得具备速写能力、设计能力和电脑操作能力……然而即便我们十八般武艺样样精通，也很难找到一家张开双臂欢迎我们成为正式员工的企业。

在刚毕业那几年里，我的生活只有工作。绘画和艺术离我越来越远，看画对我而言也变成了一件奢侈的事情。直到二十八九岁事业上有了起色，我才开始重新有心境欣赏美术作品。长期以来饱经折磨的心，一遇到绘画，便自然而然地变得柔软而天真。尤其是那些画出我心声的作品，更是给了我任何特效药都达不到的治愈效果。

当时，由于上班地点离家很远，我每天都得掐准时间等公交车，才能确保上班不迟到。每当站在拥挤的高峰期的公交车上，我便想起了俄罗斯画家伊戈尔·亚历山大维奇·保罗（Igor Aleksandrovich Popov，1927–1999）的一幅画作。

这是一辆拥挤不堪的早班车。你只要稍微重心不稳，便会整个扑倒在旁边的人身上。有的人正睡眼惺忪地看着报纸，有的人精神抖擞，似乎已经做好准备迎接忙碌的新一天……这些人看上去那么熟悉，就像是我们自己。看到这幅画，我们一方面会感叹

上班路上

Pered rabotoi

●

伊戈尔·亚历山大维奇·保罗

●

1966

生活的艰辛不易，一方面也会感到一种积极的力量。因为不论我们处于什么样的时间地点，总有许许多多的人和我们一样正在为生活而努力奋斗。

好的艺术给人以力量，好的画作给人以精神上的慰藉。每当我看到这些真真切切表达了我对生命感受的作品时，便会从心底里惊叹于绘画的疗愈效果。是的，比起语言和文字，一幅画往往更容易给人带来安慰。

“老师，到底什么画才是名画？”

曾经有一个小学三年级的学生这样问我。当时，我就愣在了原地。

虽然我自幼热爱美术，一路从绘画中获得了很多成长，但我还从来没有思考过——究竟什么样的画才是名画。

名画的评判标准究竟是什么呢？是知名画家的作品吗？是受到美术评论家高度评价的作品吗？还是拍卖价格高昂的作品呢？我教了这么久美术，又总是向人传授美术知识，也多少算是个专家了，却依然无法为这个问题给出好的回答。到底什么样的画才算得上是名画呢？

萨维那美术馆的李鸣宇馆长曾经在著述《人生，站在画前》中借用华盛顿国立美术馆的解说员安德鲁·罗宾逊（Andrew Robison）的话来定义名画：

首先，名画必须是美的，即让人产生视觉上的享受。其次，名画应该是具有历史性的，即具有持久的魅力，令人难以忘怀。再次，名画应具有某种隐约的“力量”，即令人在观看的同时获得精神上的震撼，并产生某种心理变化。

我十分同意这样的观点。如果还要再补充一点，我想应该是

“名画应该可以对人产生治愈作用”。治愈，同样是一种心理上的变化。在这个越来越难以找到慰藉的世界上，如果有一幅画可以让人感受到心灵上的滋养和修复，那还不足以成为名画吗？对我来说，所有具有治愈效果的作品都是名画。

如果你感到这个世界上已经很难有什么人或事让你产生心灵上的治愈感，不妨试试看画吧。

虽然我毕业于美术院校，又有硕士学历，事实上却并不算画得好的。

有人可能会问，你要是画得不好，怎么可能考上美术学校呢？但事实上，并不是每一个美院学生都画得一样好。很多人的水平只不过是达到了考试合格的标准，或者比普通人强一些罢了。早在参加大学联考的时候，我就明白了这一点：

“在培训班里我还算画得不错的，但世界上比我画得好的人实在是太多了。”

事实上在美院的学生里，除了绘画天才之外，还有设计天才、创意天才等各种高人。和他们相比，我的天赋实属一般，注定成不了大师。但是，我也找到了自己在美术方面的其他兴趣和技能。比起画画来，我觉得欣赏绘画、分析绘画更有乐趣。

不仅如此，我还喜欢将自己的欣赏成果分享给他人。遇见一幅好作品，探索作品背后的故事，再将这故事公之于众，整个过程都使我着迷。我不介意将自己的休息时间投入作品研究，因为自己从中感受到了真正的快乐。

我看过太多太多的作品。有的作品让我一见倾心，有的作品让我流连忘返，当然也有的作品让我无动于衷。我从无数的作品中选了又选，挑了又挑，才汇聚成了书里这些我视为珍宝的心爱画作。希望通过这本书，你也可以感受到这些作品的魅力，并和我一样收获感动、安慰和鼓舞。

在我看来，名画不代表复杂和高深，而是应该可以给任何人带来安慰与共鸣。将美好的作品介绍给更多人，并让大家明白艺术并不是一件困难的事，是我作为一个艺术传播者的使命。我相信除了那些大家耳熟能详的名画之外，世界上还有很多虽然不广为人知，但一样充满力量与震撼的作品。我要尽我所能，去发现它们。

当我们喜欢一个人，便忍不住总想见他。当我们喜欢一种食物，便忍不住总想吃它。同理，当我们喜欢一幅画，便会忍不住看了又看。好的绘画作品让我们收获灵感、快乐与力量。当我们带着各自所独有的思想和情感去理解绘画时，就可以从中体会到不一样的美好。

被生活从背后捅刀子的生活还在继续。让我们勇敢前行，并以绘画为伴。当你感到辛苦疲惫时，不妨在名画这张安乐椅上尽情倚靠吧。

拥有孤独，何尝不是一种幸福

029 **有力的动机带来有力的行动。**

–

William Shakespeare

威廉·莎士比亚

“为什么美术馆里总有那么多单身女性？”

这是著名美国心理治疗师佛罗伦斯·福克一本著作的题目。在这本书里，她以自己 20 多年来接触的焦虑症、抑郁症和恐惧症女性案例为基础，分析了女性对孤独的恐惧心理。同时，她还在书中提出了将不同于二人世界的独处时间转化为积极进取时间的有效方法。

看完这本书，我感慨良多。我们大部分人都是害怕孤独的。而事实上，只有习惯孤独、接纳孤独，才能更好地和自己相处。

在美术馆担任解说的那段时间，我意外地发现了不少独自看画的女性。

有一天，在我结束解说工作之后，一位女性面带羞涩地朝我走来。

“我从小就喜欢画画，本来想考美术学院的，但是父母不同意。现在年纪大了，才开始后悔当年为什么没有坚持自己的爱好。我现在特别想学习美术、了解美术史，经常一个人到美术馆来看展。请问您知道哪里可以系统地学习美术史吗？”

她的话让我十分感动，我赶紧将自己所知道的讯息全部告诉她。正是美术馆，让这位30多岁的女性燃起了学习新鲜事物的热情。对于忙碌于职场和都市生活的现代人而言，美术馆无疑是除大自然以外的又一个治愈空间。

在美术馆看展，可以得到双重收获。首先，你可以通过展览与作品产生对话，并以自学的形式充实自我。其次，你可以与来自不同领域的观看者相会，大家以各自不同的视角和思考方式对作品展开交流，从而扩宽了彼此的视野。

大概从20岁开始，我就喜欢独自一个人去美术馆看展了。正是在看展的过程中，我了解到首尔市立美术馆开设了解说员培训班。通过加入培训班、学习课程、参加考试，我才成为了一名美术馆解说员。

很多人都会混淆美术馆管理员和讲解员这两个不同的职位。管理员curator是负责美术馆日常事务的，在韩国又被称为“学艺员”。Cura这个词根在英语中本身就有“保管”“照料”的意思。准确一点来说，管理员就是美术馆资料保管的最终责任人。

而讲解员docent这个词，来源于拉丁语中有“教导”含义的“docere”一词。这个工作首先要求你在博物馆、美术馆接受一定的培训，考核通过之后才能在展厅里向大众讲解艺术作品。在规模较小的美术馆里，管理员和讲解员往往合并成同一个职位。

在我26岁第一次担任讲解员时，就被那些认真工作的前辈震撼了。他们总是在展览开幕之前就开始学习各种背景知识。看着他们，我才明白了什么叫作学无止境。

成年人学习起来总是比小孩子有热情，这大概是因为成年后的学习主要是出于主动而非强迫。这一点，我在读研究生的时候也深有体会。考上研究生的学生通常都有自己的研究课题，所以即便是在下课以后仍然会不断学习。在那段时间里，我也总是处在一种迫切渴望充实自己的学习热情之中，并感受到了真正活着的感觉。

网络上一度流行这样一张图片：

在一个书架上，同时摆放了《十几岁，为梦想而学习》《20岁，为学习而疯狂》《30岁，再次为学习疯狂》《40岁，重新开始学习》《活到老，学到老》这几本畅销书。看到这张图片，不少人都感叹——从小到老都得学习，做人真是辛苦啊！有人甚至发问："难道人生除了学习就没有别的事吗？"

不过，我倒不觉得这张图片有什么不好，反而非常喜欢"终生学习"这个观念。一个人如果能对某个领域的知识有所掌握并保持不断探索，该是多么幸福！所谓学习，不应该只是为了应付高考和就业。我们可以为了自己所喜欢的东西去学习，也可以为了改变心态去学习，还可以为了获取实用信息而学习，光是要把自己想学的东西学完，这辈子都不够用。

在19世纪后期，有一位画家是卢浮宫博物馆的忠实粉丝。他每天都去看展，简直把展厅当成了自己的家。除了他以外，当时还有许多画家都喜欢去卢浮宫，并在那里临摹画作。但这一位画家，却有点不一样。他不满足于临摹，而是将和自己一样来到卢浮宫的画家以及卢浮宫的景象全都留在了画布之上。

他最喜欢的作品是《蒙娜丽莎》。每天他来到卢浮宫要做的第一件事，就是与这位带着神秘微笑的女子打招呼。

1911年8月的一个星期二，他和往常一样早早来到卢浮宫，向蒙娜丽莎问好。然而，这位总是朝他露出神秘微笑的女子，今天却意外地消失了。原本放置作品的位置，只剩下空荡荡的墙面。

他赶紧向保安询问情况。然而保安也一脸茫然，只说作品可能是被拿去拍照了，毕竟那段时间正是卢浮宫博物馆整理收藏品资料的阶段。到了下午，《蒙娜丽莎》仍旧不知所踪。于是，从不提前关门的卢浮宫博物馆不得不在下午 3 点就闭门召开紧急会议了。

就这样，这位名叫路易·贝鲁（Louis Beroud，1852—1930）的画家，成了历史上最大美术品盗窃案的第一个发现者。不仅如此，他还凭借他的观察力和优秀画功，让我们得以看到卢浮宫过去的模样。

《鲁本斯画作前的学习者》是我最喜欢的一幅作品，它描绘了一位在卢浮宫博物馆临摹画作的女子。

作品中的女人在鲁本斯的作品前认真临摹。她安静地坐着，看上去那么心无杂念，让人感受到一股专注的能量。在她背后有几位观众走过，并对她的画作进行点评。

在陌生人来来往往的公共场所画画，着实是一件需要勇气的事。只有当你克服对他人评价的恐惧，并专注于提高自己，才能完成这个壮举。看完这幅画之后，每当我在美术馆里见到独自练习临摹的女子，便会投去无声的鼓励眼神。

画中女子所处的年代，正是女性外出活动受到限制的保守时期。她在这样的情况下，仍然坚持观看展览并学习，实在令人感动。也许，路易·贝鲁也是被她的学习热情所感染，才画下了这张作品吧？

在卢浮宫博物馆将其他画家认真作画的样子画下来，可谓是

卢浮宫博物馆的蒙娜丽莎

Mona Lisa au Louvre

路易·贝鲁

1911

布面油画

个人收藏

一种别出心裁的尝试。看着路易·贝鲁笔下这些在名作前面虚心学习的画家，还有独自一人作画的女子，我们可以从一个全新的角度观察卢浮宫，并获得积极的启示。

独自去美术馆，是一种学习。在美术馆这个空间里，不论是孤身一人的女性还是其他任何人，都可以展开属于自己的思考，收获不同的感想。

很多人都以为，美术学院的学生一定对美术史了如指掌。然而，实际上并不是每一个美术学院的学生都熟知美术史。只有一部分下功夫学习过的人，才有可能对美术史有系统认识。相反，那些真正对美术史感兴趣的普通人往往比美术系学生懂得更多。

美术学院为学生所提供的教育，主要目的在于让学生了解美术能够为这个世界做些什么，以及美术材料是如何多样化，在这个基础上再为学生提供创作的机会，并进行专业的评估。至于基础理论的学习，就是学生自己的事情了。我的美术史知识，同样是在自己的闲暇时间学来的。我从事的工作是艺术传播，同时又要担任美术讲师和解说员，还经营着自己的绘画研究所，所有这些工作都要求我不断学习美术领域的新知识。虽然美术早已融入我的生命之中，但我深深地知道我对这个领域所知还太少。如果说我有什么愿望，那就是每天多学一点，直到离开这个世界。

独自去美术馆，是主动选择孤独的表现。主动孤独与被动孤独虽然形式上相似，性质却完全不同。

独处是机会。它不意味着与世隔绝，而是一种为了全新的生活储备资源和可能性的契机。修炼独处的技能，是一种艺术。

鲁本斯画作前的学习者

L'élève appliquée dans Ia sale Rubens

●

路易 · 贝鲁

●

1902

布面油画

54*64.8cm

纽约大都市美术馆

上面这段话出自佛罗伦萨·波克。如果你想学习些什么，感受些什么，或者独自享受些什么，就去一个可以独处的地方吧。这个地方可以是美术馆，也可以是音乐练习室，还可以是体育馆、图书馆等等。只要你去了，你就会有所收获，并看到全新的可能性。找到一个适合自己的独处空间，是一种莫大的幸运。

只要我们心怀理想，始终朝着更好的生活而努力，并不断追求进步，在任何地方都可以开始迈出学习的脚步。我相信，学习是让生命变得更美好的最佳途径。

记忆中第一幅名画

是人生让我选择了我该做什么，
所以我画画。

–

Rene Magritte
勒内·马格利特

第一次恋爱、第一次接吻、第一次工作、第一次生孩子、第一次拥有自己的家……这世界上所有的事情，只要前面加上“第一次”，就让人感到莫名的喜悦。第一次买电脑、第一次买车、第一次画画、第一次喝酒……不管什么行为，只要是第一次做，就好像变得格外有意义。

我很想回忆一下自己看的第一幅画是什么。这里的第一幅不是指事实上的第一幅，而是第一次让我感到心灵上的震撼，并让我有冲动用文字记录下感受的作品。

这幅作品就是比利时超现实主义画家勒内·马格利特（Rene Magritte，1898—1967）的《光的帝国》。20岁那年，我在首尔市立美术馆举行的马格利特作品展上第一次见到它。至今为止，它在我心目中都是最有趣、最具视觉冲击力的作品。

除了这件作品之外，那次展览上还有许多使我久久不能忘怀的杰作。画面中那些天马行空的想象、精妙绝伦的创意，简直令

光的帝国

L'Empire des lumières

●

马格利特

●

1953—1954

布面油画

146 × 114cm

比利时皇家美术馆

人拍手叫绝。

《光的帝国》描绘了一个晴朗多云的日子。然而你仔细观察，就会发现虽然天空中飘着朵朵白云，却是夜晚无疑。如此奇妙的景象，让我想起了 WINDOWS98 的桌面背景，又想起了记忆中曾经出现过的某个场景。也许，并不是每一个人都会对这幅看似普通实则藏有玄机的画产生共鸣。

正如马格利特所绘，“似日暮又似清晨，似白天又似黑夜的天空”是分明存在的。虽然大家都说他是超现实主义画家，画的都是出于想象的东西,我却觉得他描绘出了一种不可言说的真实。

马格利特的另一幅作品《洞察力》同样也让我印象深刻。看完这幅画，我不禁产生了一个念头——要是自己也能成为这样拥有独特视角的人该多好啊！明明看到的是一个鸡蛋，却能画出一只鸟来。也许马格利特能做到这一点，是因为他的心里有一片区别于真实世界的更广阔天地。

每当看到《洞察力》这幅作品，我就会惊叹于马格利特的创意。对大多数人来说，创意也许是“可望而不可即”的东西。我们都希望成为充满创造力的人，也希望自己的生活充满创意。然而忙碌的日常生活,却往往让我们无暇发挥自己潜在的创造因子。而大家总是挂在嘴边的“创意教育”“创意人才”，似乎也只是一句口号。

事实上，马格利特也有过默默无闻的时期。他毕业于比利时的一所美术学校，专业是广告与出版设计。直到有一天他看到了意大利超现实主义画家乔治·德·基里科的作品，才开始创作属于自己的超现实主义绘画。

每天早上 8 点，马格利特都会准时戴着礼帽、穿着西装出现

洞察力
La Clairvoyance
●
勒内·马格利特
●
1936
布面油画，
54 × 65cm
个人收藏

在画室。他的画室不在别处，就在家里的厨房。即便如此，他还是摆出了一副正式上班的架势。到达厨房后，他会摘下帽子，如公司职员一般开始一天的工作。到了晚上 6 点，他准时下班离开厨房，回到自己的房间。第二天一早，他又按时起床戴着礼帽、穿着西服去“上班”了。

很多人以为艺术家都是自由散漫的，而事实上并非如此。马格利特就是个典型的例子。他始终坚持严格的时间管理和创作训练，如此才达成了非同一般的成就。

他的作品不仅受到普通观众的欢迎，更是文化界和艺术界大师们所推崇的。日本著名动画大师宫崎骏执导的电影《天空之城》正是受到他的作品影响。

不止马格利特，世界上还有很多天才的成就都是来源于持续不断的努力。虽然创意听上去很特别，但事实上它和其他任何一种技能一样，都是需要通过不断的练习来加强的。当你总是有意识地进行创造性思考，创意就自然而然提高了。

很多人都称赞马格利特为创意大师。但是，也有人认为他的作品意识太过超前，令人费解。但是，所有这些评价都没有动摇马格利特的创作热情。对他来说，始终坚持创作才是最重要的事。

他经常使用一种叫作“叶影映日（depaysement）”的创作技法。这个法语词原本的含义是“离开充满眷恋的乡土”，在超现实主义绘画中特指“形象脱离了自身意境”。简单点来说，就是让完全无关的事物以组合的形式出现在陌生场景中。在马格利特的作品中，这种技法的运用随处可见。当那些原本熟悉的事物叠加在一起时，我们所看到的并不是简单的 1+1=2，而是全新事物的形成。当我们与作品展开交流时，这些全新事物又有了新的意义。

几年前的一个夏天，我到大邱市参加了一个为期 10 天的创意教育项目。

当时，来自全国各地的创意教育工作者齐聚一堂，为这座原本就有“火炉”之称的城市又增添了几分热度。我们每天的课程从早上 9 点开始，一直到晚上 6 点才结束，但大家并不觉得辛苦，反而热情高涨。

通过这次课程，我学到了不少东西。例如，创意并不是一种纯粹的天赋，而是可以通过后天训练而形成的。而创意中最重要的元素——独创性源自于“持续思考力”。同时，每个人都或多或少具备某些方面的创造力，比如有的人善于创造性地沟通，有的人擅长自主创新，有的人擅长创造性地发散思维，有的人可以将众多想法有创意地组合联系起来，还有的人善于用创造性的方式进行自我表现……总之，创意并非一成不变，而是千姿百态、千变万化的。也就是说，我们不一定要在方方面面都有创意，只要能在一个领域充分发挥自己的创造性，就足以创造出可喜的成果。对于自认为创造力不足的我而言，这次课程可谓是获益匪浅。

这个世界上的创意天才总是有限，但这并不妨碍我们对创造力的无限追求。如果你感到自己创意枯竭，不妨试着去欣赏那些富有创造力的艺术作品。希望这本书中所汇集的画作，也可以成为你“创意储备库”中的一部分。如果你不看这本书，也可以去别的地方寻找你的灵感来源，唤醒沉睡的创造力。

记忆中的第一幅名画，对我而言并不像恋人的初吻，也不像粉红色的约会，而是像第一次吃到口香糖的感觉。那种滋味实在太美好了，让人忍不住不停地咀嚼，直到甜味完全消失，也舍不得吐掉……马格利特的作品正是如此。当它出现在我面前时，我忍不住看了又看，简直舍不得挪开脚步。我想，这就是创造力的神奇魔力吧。

我的创作就是对常识的挑战。

这是马格利特曾经说过的一句话。当我们感到自己创造力匮乏时，不妨去设计工坊或美术馆寻找一些挑战常识的作品。我们看得越多、思考得越多，就越容易像马格利特在作品中所描绘的那样，从一个鸡蛋联想出一只鸟的形态。将创造力的训练变成生活的一部分吧。哪怕你的创意不是那么闪闪发光、独一无二，也一定有它存在的意义。

香奈儿曾经说："如果你想变得无可取代，就要总是处于奔跑之中。"是的，让我们跑起来吧。生活在这个日新月异的时代，我们只有充分发挥自己的创造力，才能赶上社会发展的步伐。如果说从"无"到"有"地创造太困难，就让我们先在名画这个"有"的基础上去创造更美好的"有"吧。

与真实的自我相遇

知者自知，仁者自爱。

-

孔子

我是那种很容易把责任归咎到自己身上的人。“我怎么会这么傻呢？”“世界上大概只有我才会做这种蠢事吧？”……诸如此类的自责，总是让我自尊受挫、信心全无。在不熟悉的人眼里，我能干、潇洒、充满自信，而与我亲近的人都知道，我是多么粗心、多虑、多愁善感……

在工作上，我总是把所有的失败归结于自身。在恋爱中，我也同样如此。每次与恋人争吵之后，我非但不会安慰自己，反而会对自己发火——“都是你太任性了”“你根本就没有资格谈恋爱”……在那些充满自责的日子里，我寝食难安，有时当自我厌恶的情绪到达顶峰时，甚至会整夜整夜地失眠，暗自捶胸叹气。如此小心敏感的个性虽然连我自己都难以忍受，却又像老头子脸上长的癞疮，怎么也去不掉。

在一次不愉快之后，一位朋友曾经对我说：

“你总是把自己当成受害者，于是你周围的人就成了加害者。每次一吵完架，你就一个劲儿地说是自己的错，可是这样其实让人更难受啊！搞得对方一下子就成了坏人，而你才是最可怜的那个。”

仔细想来，也许这是因为我总是将自责与反省混为一谈。如果说自责是对自身行为的埋怨和指责，那么反省就是一种对自己错误的理性思考和认识。我总是在反复自责，却并没有真正意义上的反省。

我很容易认同别人，却总是很难认同自己。为什么我不能将那些给予别人的支持留一些给自己呢？这世界上本就没有完美无缺的人，那为什么我不能接受不完美的自己呢？在深刻地反省之后，我决定更爱自己一些。从此以后，每当遇到挫折和悲伤，我都会第一个站出来安慰我自己。

制止一个孩子哭泣，只会让他哭得更厉害。因为孩子会试图用这种方式告诉大人——我真的很难过，请注意我。所以，我们也不要压抑自己的悲伤。有时候，我们需要与迎面而来的悲伤握手，理解它、包容它，并与它温柔交谈。

没有人比我们自己更懂我们自己的悲伤。如果从他人那里得不到安慰，就先自己安慰自己吧。“你哪里不舒服了？”“你哪里受伤了？”“你今天怎么不高兴？”……如此自问自答，我们才能更明白自己伤在哪里，需要用什么药，应该怎样去治疗。

掉进水里的人越是挣扎，就越容易沉入水底。这个事实告诉我们，当不好的事情发生时，最重要的是接受自己当下的处境，而不是拼命抗拒。作为一个落水者，你根据情况选择静止不动让身体自动漂浮，或者潜水，或是游泳，总而言之不能拒绝接受落水这个现实，否则只会让自己愈发疲惫。

人生本就是喜忧参半，我们往往只接受喜的那部分，而对忧的部分置若罔闻。我始终相信，一个人从出生到死亡所必须经历

斯特兰卡德街道的阳光映入房间

Stue I Strandgade med solskin på gulvet

●

哈默肖伊

●

1901

布面油画

46.5 × 52cm

哥本哈根国家美术馆

的悲伤，是存在一个定量的。没有人的生活全是喜悦。与其否定悲伤，不如坦然接受它是生命的一部分。如果我们只关注喜悦，内在的悲伤便会觉得委屈，甚至愈发不安分。所以，当我们感到悲伤的时候，不妨试着接受它的存在，并对自己说：

“全世界最支持你的人就在这里。”

丹麦哥本哈根的画家哈默肖伊（Vilhelm Hammershoi，1864—1916）是一位描绘孤独感的高手。

他与画家朋友彼得·伊斯台德（Peter Ilsted）的姐姐结婚之后，搬入了新家。对任何人来说，装点新家都是一件充满喜悦的事。哈默肖伊也一样。他像创作新作品一般，用心装饰自己的新家，将墙壁与天花板统一刷成素雅的灰色，家具也全都选择了自己喜欢的简单样式。然后，他便开始创作一系列关于“家”的作品。

他描绘的家中场景，总是有很多留白，让人联想到他有些孤僻的性格。第一次看到他的作品，我只感觉到一股孤单冷清，那是一种“全世界只剩下我一个人”的心情。但看画的感受也会根据情况而变化。然而随着阅历的增加，我渐渐地开始爱自己，再看到他的画时也不再觉得那些留白代表孤独，反而从中感受到了阵阵暖意。

画家在作品中有意识的留白给我们带来了思考和变通的空间。当我们的思想发生转变，新的感想就会随之涌现。这就是留白带来的妙处。哈默肖伊通过他的画中留白，向我们真诚地传递了一种孤独情绪。然而这种孤独并不消极，而是充满正面意义。在我看来，它代表了我们与自己相处的内在空间。

孤独是生命中不可或缺的一部分。而与孤独共处的智慧，只能在生活中慢慢学习。毕业于首尔大学和 MIT 的建筑家金珍爱博士，曾经为了考上大学而闭关修炼 1 年。因为这段的经历，她自称变成了一个“够狠”的人，并具备了任何时候都可以掌控自己的自信心。对她来说，孤独是生命的礼物。我们每个人都有需要在孤独中变“狠”的时候，记得那个时候一定要给自己加油打气。

我在高考、读研和写这本书的时候，都有“变狠了一些”的感觉。“狠”在这里并不是一个贬义词。因为我们并不是对别人狠，而是对自己狠。更何况，对自己的狠也是为了达成目标。当一个人对自己够狠的时候，他就会比任何人都更相信自己、支持自己。要变得“狠”并不难，只要我们明白现在所走的路有多远、有多险，便自然而然会生出一股狠劲来。

没有人可以一夜长大。在变得足够强大之前要花多大的狠劲，只有经历过的人才知道。孤独是滋养狠劲的最佳土壤，也是自我完善的最好时机。

巴西出生的作家保罗·科埃略（Paulo Coelho）曾经在散文集《如流水》（*Ser como o rio que flui*）中写过一段奶奶与孙子的对话。这位奶奶在给孙子的信上提到，希望他成为一个像铅笔一样的人。

铅笔用着用着就得削一削。被刀削的过程虽然很疼，但削完之后笔尖就更锐利了。你应该像铅笔一样，去承受那些如刀削般的悲伤与痛苦。只有这样，你才能变成更好的人。

在我们中，有的人正用削尖的铅笔写下精彩丰富的人生，也有的人早已停下了手中的笔，连上一次是什么时候削笔都记不得了。当我们用手中唯一的铅笔书写人生时，难免会碰到几次笔芯断裂、写不出字的状况。但只要我们克服困难、坚持下去，就一定能写出更美好的未来。为何不多给自己一些鼓励，去成为自己最有力的支持者呢？世界上唯一一支可以书写人生的铅笔，正握在我们自己手中。就算今天手上的笔头快磨平了，也不要垂头丧气，重新削一削，明天继续努力。从现在开始，就让我们成为自己最大的后援团，充满勇气地生活吧！

休息是我们的缓冲地带

愉悦的生活来自于劳逸结合。

—

Lev Tolstoy

列夫·托尔斯泰

每到假期的最后一天，我的心情总是起伏跌宕。上午还满心欢喜，觉得有一整天的时间可以挥霍，到了下午便感觉到了假期即将结束的伤感。每到这种时候，我总是在想：如果自己的身心由电脑操作就好了。只要按下回车键，就自然而然开始下一个行动，只要按下空白键，就可以立刻暂停。如果我对自己的操控能力，和手上正在使用的这台笔记本电脑一样，该有多好啊！但是，人的身心并不能像机器一样，即时输入即时生效。它们更像是花盆里栽种的植物，需要我们花时间去浇水、护理，才能变得更加强大。

在前不久的长假期间，我意识到了自己正在变老。虽然这个事实我早就知道，但发现的时候还是会有些惊讶。原来我已经不像年轻时那么精力旺盛了，我必须从假期中抽出一整天的时间独处，或者什么也不干，才能重新充满能量。

记得在 20 多岁的时候，我的假期几乎全都献给了弘毅大学附近的咖啡馆和小酒吧。每天玩到凌晨三四点钟也无所谓，反正

绿沙发

The Green Sofa

●

约翰·拉弗利

●

1903

布面油画

65.4×92.4cm

第二天依然是假期。在那时候的我眼里，精力就像橡皮筋，就算狠狠地消耗，它也会自己恢复原状。

而现在的我却到了不敢随便熬夜的年龄。我开始意识到，晚睡会导致疲劳，从而导致第二天什么也干不了。我总是尽可能有计划地安排休息时间。如果遇到长假，我就会抽出一两天时间宅在家里彻底地放松。

“休息并不是一种偷懒。只知道工作而不知道休息的人，就像是没有刹车零件的自行车，非常危险。”

已经有太多前辈用他们的人生经验告诉我们休息的重要性。好好休息，才能让身心更健康，才能更好地投入工作。

休息让我们暂时从日常的忙碌中解放出来。但很多时候，我们即便在休息中，也会不自觉地惦记着明天的事，急性子的人甚至在休息期间就开始干明天的活了。而像我这样工作与休息时间不固定的人，就更容易将工作和休息混在一起。

工作与休息不分家，有好处也有坏处。好处是工作中充满乐趣，坏处是很难得到纯粹意义上的放松。

所谓纯粹的放松，就是什么事也不用做。不思虑，也不行动，就这样静静地待着。不看时间，不用早起，不用按时吃一日三餐，想读书就读书，想听音乐就听音乐，想睡懒觉就一头扎进被窝里，所有该做的事情都明天再做……这样的一天才算是真正意义上的纯粹放松。

以我自己为例。我同时做了很多不同的工作，比如给各个公司上艺术课、美术馆解说、杂志上写连载、教小孩子画画等。手机的通讯录里有超过 1400 个电话号码，其中包括了学生家长、学生、工作联络人等等。为了避免在休息日备课、谈工作，我总是把手机开到静音模式。否则，即便是深夜和休息日，也总会有电话和短信。虽然我也知道，那些在非常时间打来电话的人并非是要故意打扰我，只是确实有需要帮助的地方，但在这件事上我只能选择自私。因为作为一个自由职业者，如果不给自己制定彻底的休息日，就很容易陷入精疲力竭之中。

人们总是以为教师、老板之类的职业工作时间灵活、生活自由，事实上恰恰相反。我们时不时就会处于 24 小时连续工作的状态之中，反倒是很羡慕那些上下班时间固定的公司职员。

当然，这两种工作方式并没有优劣之分。不管我们的工作方式属于哪一种，最重要的是我们应该有意识地保证自己的休息时间。在休假期间，每个人都应该有一天彻底的休息日。但如果整个休假都这样度过，自然是对身心健康无益的。在我看来，一两天的彻底休息就已经足够了。

我把彻底的休息时间称为“缓冲地带”，这个词本身的意思有两种。第一是指两个国家之间为避免战争或武力冲突，而在相邻领土中间设置的非武装中立区域。第二是指公共环境中为避免可能发生的冲突状况而设置的中间地带。比如当政府准备在住宅区旁边修建公路或铁路等噪音设施时，就会在两个区域之间修建绿地或隔音带，以达到保护住宅区的作用。

对我们来说，彻底的休息就是人生的“缓冲地带”。它就像一片挡风遮雨的屋檐，让我们暂时远离工作生活的压力与忙碌，以及人际关系的纷纷扰扰。偶然看到的作品《绿沙发》，正好充分表达了我对缓冲地带的理解。

这幅画的作者约翰·拉弗利（John Lavery，1856—1941）出生于北爱尔兰的首府贝尔法斯特。他十几岁起开始在格拉斯哥和伦敦的美术学校学习，并于1881年前往法国巴黎的朱利昂美术学院继续深造。1885年，他再次回到格拉斯哥。1888年，32岁的他入选格拉斯哥国际画展，受到维多利亚女王的邀请，完成了一幅登场人物超过250名的巨幅画作，顿时名声大噪。

在第一次世界大战期间，他作为军旅画家随海军远行。战争结束之后，他收获了荣誉和勋章，却也留下了不为人知的伤痛回忆。而事实上，悲伤在他的人生中如影随形：自幼父母双亡，孤独长大，结婚后不到2年又痛失爱妻。所幸的是后来他遇到了第二任妻子海瑟尔（Hazel），两人情投意合、恩爱有加。他还以海瑟尔为模特，画下了400多幅作品。他在1928年画的海瑟尔的肖像在2002年被选为爱尔兰货币图案。他一生热爱旅行，将摩洛哥、意大利等许多国家的美景留在了画布之上。

约翰一直活到了85岁。在经历了父母与第一任妻子的死别之后，他将自己曲折的人生经历以绘画的形式升华。我想，对他来说能拥有一个温暖的家，让自己的身体与心灵得到安放，也许就是全世界最好的休息吧？

如果你并不比一般人忙碌多少，却总觉得疲惫不堪，就要检视一下自己的休息是否得当了。同样的时间做同样的事情，每个人的效率不同。同理，同样是休息，也有效率高低之分。那么，你的休息是否有效率呢？

如何更好地去爱

055 **重要的不是接受爱，而是去爱。**

–

Somerset Maugham

萨默塞特·毛姆

30 岁那年，我只身一人前往美国加利福尼亚旅行。为了节省旅费加搭便车，我在到达洛杉矶之后，便借宿在一位许久不见的兄长家中。这位兄长想必对此并不怎么乐意。毕竟对任何人来说，让一位不熟悉的朋友在家里免费吃住十几天，都不是一件乐事。更头疼的是，这个女孩子还一直嚷嚷着要去几百公里以外的圣佛朗西斯科。但是有什么办法呢？谁叫这个女孩子是好朋友的妹妹呢？最后，这位兄长只好默默开了 6 个多小时的车，带我去了我心心念念的圣佛朗西斯科。

“为什么求婚的总是男人呢？难道女人就只能被动地等待被求婚吗？我就不信这个理！等着吧，以后我要率先向我爱的男人求婚！”

在美得令人落泪的金门大桥上，看着壮阔的圣佛朗西斯科城市全景，我说出了这番发自肺腑的豪言壮语。当时的我与交往多年的恋人分手，痛定思痛之后才有了这样的感悟。

“下一次遇到真爱，再也不要在等待中蹉跎。”

然而，我做梦都没有想到，真爱就在身边。那个在圣佛朗西斯科旅行期间把我当好哥们儿的兄长，如今成了我的丈夫。后来他告诉我，正是我的那番豪言壮语，让他开始对我有了不一样的感觉，并在心里暗暗感叹——“这个女人很不一般”。

在美国旅行结束之后，我们开始了为期 6 个月的热恋，第二年便结婚了。那么，求婚真的是我求的吗？

并不是。

在一个春寒料峭的晴天，三十一岁的我意外地被求婚了。我立志向所爱之人求婚的心愿就这样泡汤了。虽然很遗憾，但仔细想想，真的让我率先求婚的话，我还未必有这个胆量呢。

在这次恋爱之前，我在爱情里一直是一只断尾求生的蜥蜴。

“分手吧，我不想继续了。我好像是一个人在谈恋爱。”

在又一次说出这番分手宣言之后，我不禁问自己，为什么提出分手的人从来都是我，而不是对方？为什么我总是因为害怕被分手，而率先从爱情里逃亡？我就像一只断尾求生的蜥蜴，宁愿亲手斩断感情也不愿被对方抛弃。也许这就是我来来去去爱了那么多次，始终没有结婚的原因。婚姻，是爱情成熟的标志，两个相爱的人通过结婚这个制度开始全新的生活。而我总是在爱情成熟之前，在两颗心坦诚相对之前，便自顾自宣判了爱情的死刑。

事实上，总是在怀疑爱情的人并非不信任对方，而是不信任自己。

“他变了，他不爱我了。我的爱情结束了。”

我总是如此胡思乱想。想亲口向对方求证，又因为自尊心而放弃。就这样反反复复，自己在心里编写出了整部连续剧，甚至连分手的场景都预先想好了，然后一边想一边忍不住地掉眼泪。

受到祝福的新婚夫妇

Bénédiction des jeunes mariés

●

帕斯卡尔·布鲁雷

●

1880—1881

布面油画

99 × 143cm

莫斯科普希金美术馆

这就是我之前的恋爱模式。虽然我一分钟都不想回到过去，但如果真有这样的机会，我一定要重新在分手前向对方认真地问一次：

“我们的爱情真的结束了吗？你现在真的不爱我了吗？”

我从来都没有一次坦率地提出过内心的疑问，一次都没有。

最后一段失败的爱情，持续了长达5年。对于这段感情，我和那个男人可能会有完全不同的记忆。我认为他是冷酷无情的男人，而他认为我是莫名其妙的女人。我们的分手非常简短。当你发现相爱有很多理由，而分手却只需要一分钟的时候，便会感到一种深深的悲哀。分手之后的我无法接受现实，又回去找了他好几次，直到他再也不愿意见我。也许我一次又一次的骚扰，已经使他疲惫不堪。在又一次被他拒之门外后，我一个人走了好远好远的路，从每天下班的地铁站大峙洞一直走到三星站，再走到清潭站，一直到永东大桥，直到眼前的路完全陌生，我才停了下来。

“这整整三个小时的路，原来就是我们所走过的爱情之路啊。”

而这条爱情的路已经终结。从那天起，我便有了不开心就暴走的习惯。走啊走，走啊走，一直到走不动了，找不到路了，才决定回家。在暴走中反省了许多次之后，我才发现自己对他并不了解，也并不懂得如何守护爱情。我总是嚷嚷自己多么痛苦，却从不曾想想他的苦、他的累、他的绝望。我从不知道如何安抚自己，更不知道如何安慰他。我还是太年轻，在爱里太自私。

世界上哪里又有什么完美的爱情呢？

“永远爱你”“没有一分钟不爱你”……诸如此类的话，但凡轻信过的人都知道，它们是如何像玻璃般易碎，如何在意想不到的时刻化为灰烬。

照相馆里的婚礼

Une noce chez le photographe

●

帕斯卡尔 · 布鲁雷

●

布面油画

85 × 122cm

里昂美术馆

那个总是上演蜥蜴断尾的我，常常等待着对方的求婚。

“他如果求婚，我就和他结婚，那样我们的爱情就会进入安全区域。”

然而我等了又等，等了又等，还是没有等到那一刻。我只会用迷茫无助的双眼看着对方，什么也不去做。关于我们爱情的疑问，我统统丢给对方去解答。

没有想到，这样的我却终于等来了被求婚的那一刻。这个求婚的男人，在我们还没正式交往之前，就用不容置疑的口吻对我说：“你一定、绝对、必须要和我结婚！”就这样，他为我这只断尾蜥蜴，重新接上了尾巴。

我问他当时是不是疯了，他回答：

“两个人中总要有一个人先坚定一些，感情才能有结果。如果两个人都犹犹豫豫，这辈子估计就没法结了。”

他的话没错。我正是因为他的坚定，才答应了求婚。原来在此之前没有人向我求婚，一方面是因为我还没有学会好好去爱，另一方面也是因为那个足够坚定的人没有出现。而现在，我和他都已经做好准备，不论生老病死，都要在婚姻中携手共度直到最后。

我最喜欢的导演是英国的提姆·波顿。在他的电影《大鱼》（*Big Fish*，2003）里有这样一句精彩台词：

“要想抓住像鱼一样抓不住的女人，只有一个方法，那就是给她戴上结婚戒指。”

在《受到祝福的新婚夫妇》这幅画里，新郎与新娘正在众人的见证下完成结婚仪式。他们并肩跪地为未来宣誓的样子，让我想起了自己结婚时的那一幕。婚姻，的确就像画中所描绘的那样，是两个人并肩同行朝着同一个未来努力。即便偶尔两个人会有分歧，也总会在某个时刻再度交汇，大家始终守望同一个梦想，如亲人，亦如挚友。

这幅画的作者帕斯卡尔·布鲁雷（Pascal Dagnan-Bouveret，1852—1929）也常常以妻子为模特作画。他的妻子是好友克鲁特的堂妹，也是一个虔诚的宗教徒。受妻子的影响，他画了不少宗教题材的作品。而妻子也是始终不遗余力地支持他的创作。在历史上，有不少画家的妻子都甘愿为丈夫当模特，正因如此我们才得以通过作品与这些充满魅力的女人碰面。

《照相馆里的婚礼》这幅画描绘了一对正在摄影工作室中拍婚纱照并举行仪式的男女。不论古今，新娘子在结婚仪式上都免不了辛苦。脚踩高跟鞋，身穿厚重的婚纱，腰部被勒得喘不过气，还要不停地与周围人微笑致意，直到脸部肌肉酸痛不已……原本应该是全世界最美丽、最幸福的人，事实上却不轻松。如果你也举行过婚礼，想必会有同感吧？

画面中，一群亲朋好友正围绕着新人。一位看上去像是侄子的男孩，穿着自己最漂亮的衣服站在门边。眼前热闹的人群、耳边欢快的音乐，一切都让他格外兴奋。看着打扮得像公主一样漂亮的姑妈，他好奇地睁大了眼睛，然后又咯咯地笑个不停。他的活泼举动让原本紧张的新娘一下子放松了。而另一位更小的侄子，显然已经困倦了。他靠在爸爸的怀里，打起了瞌睡。他又想回家，又很想睡觉，然而这场仪式一点儿也没有结束的迹象……看到这一切，我仿佛看到了婚礼当天的自己和家人们。

和现代人的婚礼相比，他们的婚礼显得安静朴素许多。然而新郎和新娘紧紧挽着的手臂，却让人感受到了爱情由古至今始终不变的美好。新娘的身体一部分倚靠在新郎身上，这个动作一方面代表了她决心与身边人共度余生的坚定，一方面想必也是为了缓解脚踩高跟鞋的疲劳感。这就是女人“一心二用”的小智慧，一边展望着充满浪漫色彩的未来人生，一边也不忘为眼下的生活做打算。

作者帕斯卡尔是法国著名自然主义、现实主义画家。他自幼丧母，十几岁时父亲丢下他移居巴西。从那时起，他就与外祖父母一起生活。在外祖父母的支持下，他坚持学习画画，考入了法国国立波尔多美术大学（Ecole des Beaux-Arts）。他先是在卡巴奈尔（Alexandre Cabanel）的画室学画，随后又到了当时的著名画家让·莱昂·杰罗姆（Jean-Leon Gerome）的工作室学习摄影术绘画技法。他 22 岁就开始卖画、办画展，可谓年少成名。

每个人的人生都有一些转折点。对帕斯卡尔来说，人生的转折点就是告别父亲，留在法国这个艺术王国。如果他跟随父亲去了巴西，恐怕画风就完全不是我们今天所看到的这样了，甚至有可能根本就不会选择画画。不管父亲是出于什么样的原因将他留在了法国，至少从结局来看，这并不是一件坏事。毕竟独自在法国成长让他可以专注于绘画创作，与外祖父母的生活经历也让他获益匪浅。后来，他将外祖父的姓氏“布鲁雷”加在了自己的名字后面，无疑是对他们养育之恩无限感激的表现。

看着这些画家以妻子为模特创作的美丽画作，我深深感觉到在艺术创作的道路上，陪伴者的作用远远大于画家手中的颜料。颜料固然必不可少，但来自爱人的鼓励与信任才是最大的力量源泉。

对成熟爱情的无限渴望，让我们敲开婚姻的大门。但有一句话说得好——婚姻并不是爱情的结束，而是成熟爱情的另一个开端。这一点，我在最近也常常感受到。

如果你正准备结婚，或者像从前的我一样，到了结婚的年龄还没找到合适的对象，那么我有一些话想对你说：不要像从前的我那样，如断尾蜥蜴般去爱，因为害怕伤害而仓皇逃离。人这一生，光是用来爱都远远不够，如果遇到爱的人就无怨无悔地去爱吧，坦坦荡荡地去爱吧……

时过境迁再回首，才发现拼尽全力才是最好的爱。当一段感情结束时，不要留下眷恋，也不要留有遗憾。别再像等着中彩票一样等待求婚。从现在开始，诚实地面对自己，勇敢地说出你的爱吧！

有梦不怕路远

重要的不是你身在何方，
而是你要去何处。

—
Oliver Wendell Holmes
奥利弗·温德尔·霍姆斯

“姐姐，我最近在纠结一件事，那就是要不要辞掉工作去读研究生呢？”

“很好啊！在我看来，在某个领域深度学习，是一项可以提高你人生质量的重要功课。我支持你！”

“可是啊，我现在的工作也还不赖。我已经习惯了每个月拿着工资当潇洒月光族的生活，还真有点担心自己重回校园之后适应不了呢。”

“你的担心很正常，我也是这么过来的。那你要么就一边工作一边读书，要么就一边读书一边找些兼职来维持收入吧。”

这是去年的某一天，我与一个妹妹在喝咖啡时的闲聊内容。之后又过了 1 年，这个妹妹还是在向其他人问同样的问题。这样的故事并不陌生吧？我也经常这样。3 年前曾经纠结过的事情，本来已经搁在一边了，突然又开始纠结。上周才犹豫过的事情，这个星期又开始犹豫。在这个反反复复的过程中，我也总是向前辈、家人、朋友征求各种意见。

人活着总是会从别人那里听到许多建议。朋友的建议、同事的建议、前辈的建议、晚辈的建议……有的建议与我们内心所想完全相反，让我们心生不悦；有的建议虽然我们不想听，却不得不听；有的建议听上去很有威慑力，仿佛我们不照着做就会惹出大祸来。

我想问一句，你对建议会照单全收吗？还是坚持我行我素呢？

这实在是个难以回答的问题。从给建议的人的立场来说，建议是一件费时费神的事情，但如果听的人并不买账，那就等于白说了。相反，有时候提了建议，对方也乐意接受，可偏偏最后结果不尽人意。总而言之，建议是因人而异的，需要根据情况灵活吸收。

在古希腊罗马神话中，有一个关于提达拉斯和伊卡洛斯的故事。提达拉斯收到国王的命令，去抓捕一只名叫弥诺陶洛斯的牛头怪物。他为此修建了一座迷宫，却惹恼了国王，连同儿子伊卡洛斯一起被关进了自己修建的迷宫里。父子两人绞尽脑汁，最后想出了收集鸟的羽毛用蜜蜡粘贴起来做翅膀的办法。在制作好两对翅膀之后，提达拉斯向伊卡洛斯吩咐道：

“如果你飞得太高，翅膀上的蜜蜡就会被阳光烤化。如果你飞得太低，海水里的湿气又会让翅膀沉重而无法飞翔。所以，你一定要小心。”

他们在没有神灵帮助的情况下，第一次完成了属于人类的飞行。但飞翔在天空中的喜悦使得伊卡洛斯兴奋不已，他越飞越高，

伊卡洛斯的坠落

De val van Icarus

●

彼得·勃鲁盖尔（Pieter Bruegel）

●

1558 年

布面油画

73.5 × 112cm

比利时皇家美术馆

（右）伊卡洛斯的坠落（局部）

离太阳越来越近。最终，没有听从父亲劝告的他在太阳的炙烤下烧坏了翅膀，从空中坠落。从那以后，他所坠落的萨摩斯岛附近的海域便被命名为伊卡洛斯海。

伊卡洛斯因为不听从真诚的警告，再加上自己的贪心，最终赔上了性命。如果他毫无野心、小心翼翼地低空飞行，又会因为海水的湿气而坠落。一想到伊卡洛斯的故事，我就想起了两幅与他有关的名画。

让我们来看看两位不同画家笔下的伊卡洛斯吧。这两个画家分别是彼得·勃鲁盖尔（Pieter Bruegel 1525—1569）和亨利·马蒂斯（Henri Matisse，1869—1954）。

勃鲁盖尔的这幅画看上去很平静，我们甚至看不到伊卡洛斯坠入海中的身影。有人说，这是一幅“没有主角的画”。不过，仔细观察你就会发现，主角并非没有，只是消失了。他已坠入海中，只剩下脚还在海面上挣扎。

看到这幅作品，我心中有些发毛。一个少年从天而降坠入海中，而世界看上去却还是那么平静，人们都在忙着自己的事情。这一幕让我联想到一个普遍的事实：我们所有的选择、伤痛到头来都只会独自承受，并没有其他人真正在意。即便有人真诚地给出建议，我只能自己去做选择，而由此导致失败的痛苦也只能自己来承担。

第二件作品是晚年因关节炎而无法执笔作画的著名画家马蒂斯的剪纸作品。他笔下的伊卡洛斯也和我们想象的不一样。在蓝色背景之上，伊卡洛斯仿佛在翩翩起舞，看上去很是自在。也许马蒂斯是想告诉我们，伊卡洛斯已经完成了他所渴望的飞行，现在死而无憾了吧？作品中的伊卡洛斯呈一个黑色的剪影，只有胸前有一个小小的红色圆点，那是他的激情的证明。这幅画，让我们看到了一个很不一样的伊卡洛斯。

在伊卡洛斯的故事中，我们不能忘记重要的一点，那就是伊卡洛斯是因为不听父亲的劝告而死去的。由此可知，始终以敞开的心态接受他人的劝告，十分重要。

此外，我们还可以从中悟出一个道理，那就是人应该始终保持平常心。在合适的高度以合适的心态飞行，才能飞得安全、飞得漂亮。

在寻求他人建议时，不妨记住以下几点。首先，决不能随随便便找人问意见，因为听的人可能也会因此而感到烦恼或负担。其次，寻求建议时，要将自己的情况和情绪如实告诉对方，以便使对方更好地了解自己的处境。要做到这两点，并非看上去那么简单，毕竟我们很容易为了保全自尊心而对事实有所隐瞒。但是，不坦诚的发问必定会得到没有真正帮助的建议。所以，我们首先要保证自己诚实，才能换来建议人的诚恳回答。

另外，在寻求建议时最好寻找那些和自己有类似经历，或者人生经验丰富的人。在这一点上，亲密朋友倒不如前辈、长辈、家中父母值得信赖。当然，这并不意味着朋友给不出好建议，而是说大家毕竟是同龄人，人生阅历可能不会相差太多。

最后，还有一个值得注意的地方，那就是听取建议之后应该如何行动。如果你已经决定采取与建议人的意见完全相左的做法，就最好坦率地告诉对方。我认为做到这一点是最难的。毕竟别人好不容易才给出意见，当面表示不接受必定会让人不悦。但如果等到对方事后才得知你反其道而行，恐怕就不只是不悦了，说不定连朋友都做不成。

伊卡洛斯

Icare

●

亨利·马蒂斯

●

1943

彩纸

因此，在听取建议后坦率而郑重地将自己的决定告诉对方，并真诚地表达谢意，是非常有必要的。

“如果你不知道要往哪个方向行驶，那么任何一个方向的风都是阻力。”

这是古罗马哲学家吕齐乌斯·安涅·塞涅卡（Lucius Annaeus Seneca）曾经说过的话。一个人如果没有自己的价值观和主见，那么不论怎样向别人寻求意见，都不可能得到真正的帮助。这一分钟听取了这个人的意见，下一分钟又因为那个人的意见而改变主意，如此摇摇摆摆，最终只会一事无成。

生命就是由接连不断的困难组成。你只有不断做出选择，才能向前行进并找到自己真正的方向。如果你在该做出选择时犹豫不决，身与心就会陷入停滞状态。每当我面临选择不知所措时，总是喜欢看画，尤其是神话主题的作品。同一个神话，经由不同的画家通过不同的视角来表现，常常可以有完全不同的效果。这一点总是能给我许多启发，让我得以找到新的角度和思路去看待问题。

如果你正站在人生的岔路口，不知道该往哪个方向走，不妨先暂停思索，看一看画吧。也许一开始你会觉得看不懂，但不妨多试一试。你只要按自己喜欢的方式去看就可以了。看你想看的画，读你想读的内容，如此便能渐渐明确自己想要的生活方向。艺术，也可以是我们的“人生的指南针”。

寻找专注与平静

总有一天，我会证明我的作品
比我的生活费和颜料更值钱。

—

文森特·梵高

我每天都生活在艺术之中。所以，我总是很自然地将生活与画联系起来。比如今天的心情让我想起了这幅画，此刻的天气又让我想起了那幅画。在这个过程中，艺术给了我安慰。所以，我也时常希望自己能将这种安慰带给更多的人。

在这世界上无数的画作中，哪一幅最让我爱不释手？最近我一边写书，一边思考着这个问题。长期以来，我将大部分时间用来选择那些适合给孩子们看的美术作品，并思索如何将名画的故事以更通俗易懂的方式告诉大众。现在，我想好好总结一下那些曾给我带来安慰的名画。

有一些名画不论过了多久，重新见到时总会再次打动我。文森特·梵高（Vincent van Gogh，1853—1890）的《开花的杏树》就是其中之一。

全世界恐怕都找不出比梵高更有名、更具传奇色彩的画家了。上大学的时候，我经常在图书馆的角落里翻阅一本老旧的梵高画册，无意间发现了《开花的杏树》这幅作品。在此之前，我

开花的杏树

Almond Blossom

●

文森特·梵高

●

1890

布面油画

73.5 × 92.4cm

阿姆斯特丹梵高美术馆

对梵高的印象只停留在《向日葵》《星空》《梵高的房间》，直到遇到这幅作品的瞬间，我才明白了什么叫作真正的美。我没有见过杏树，也不知道它应该长什么样。但通过这幅画，我知道了“原来杏树会开花，开花的时候居然这么美，而杏花的颜色与蓝色搭配竟然可以这样凄婉动人。”

自杀失败之后，梵高住进了一家疗养院。没过多久，他就在医院的病床上黯然离世。在世期间，他也曾对某位女子产生炽烈的爱，他也曾渴望成为声名远扬的画家。然而，他得到的只有世人的冷漠与排斥。“与差评相比，更悲惨的是无人问津。”正如这句话所言，梵高在当时哪怕得到批评，也会高兴不已。然而，他始终没有得到任何关注。直到他去世之后，才开始广为世人所知。所以，人们总是将他的一生评价为“悲惨的一生”。但是至少在这幅作品里，我们感受到了一个比任何人都心存温暖的梵高。

这幅画是梵高为了庆祝弟弟提奥的儿子出生而创作的。

对梵高来说，提奥是一个无比重要的人。他是梵高唯一的支持者，使梵高可以全身心地投入到艺术创作中。在这幅作品中，我们看不到《星空》的律动感，或者梵高其他作品中常见的风卷残云式笔触。相反，它是那么平静，那么充满感情。

春天的到来与侄子的新生，让梵高沉浸在喜悦之中。他将这种对新生命的无限希望寄托在了开花的杏树上。然而，完成这幅画没多久，他就离开了人世。提奥为了纪念他，将自己的儿子、也就是梵高的侄子取名为“文森特”。

在美丽而平静的蓝色背景之上，结实生长的杏树正传递出梦的讯息。也许，梵高正在渴望着那永远不会到来的蓝色未来吧。他强忍着病痛，尽心尽力地为侄子完成了这幅美丽的作品。梵高去世 1 年之后，提奥也离开了人世。提奥的夫人约翰娜将丈夫安葬在了梵高旁边。此后，小文森特就与妈妈一起为了宣传伯父梵高而努力，位于阿姆斯特丹的文森特 · 梵高美术馆正是由他们创立的。

春天是杏花开放的季节。然而我们往往到了一年之末的晚秋，才开始怀念春日的美好。逝去的那个春天不再来，只留下我们为自己的漫不经心而叹息。只盼望来年，莫再辜负春日花开的美景。

我们每天都免不了与烦恼相伴。有时候烦恼来源于与他人的攀比，有时候来源于对自己的失望。各种各样的烦恼，总是让人垂头丧气。对我而言，每个月最烦恼的日子莫过于信用卡还款日了。面对一个月来的种种消费和五花八门的费用清单，我只能独自长吁短叹。

这个时候，只有艺术能将我从物质的泥淖中解救出来，获得一种放空。所谓放空，并非就此扔下凡尘俗世的一切，而是暂时从现实中脱离。

在这个手机网速越来越快，火车飞机也都纷纷提速的时代，放空意味着暂时停下奔跑的脚步，找回属于自己的平稳速度。我们总是担心自己走得太慢，但事实上即便我们暂时走慢一些，世界也依然会如常运转。如此看来，便没有什么好担心了。

我总是生活得很忙碌。但仔细想想，这种忙碌更多源自内心的焦虑感。当我的心比身体更忙时，即便工作并不繁重，我也会感到浑身疲惫。而当我的心情比较放松时，即便事情再多也不觉得辛苦，反而会将一切开展得有条不紊。所以，要想远离忙碌焦躁的生活，就要先让自己的内心平静下来。当你感到疲惫焦虑时，不妨想一想梵高的惨淡一生，想一想他笔下的杏树。

事实上除了梵高之外，还有很多画家的人生都并不如意。不厚道地和他们比一比，我们已经算是活在幸福之中了。

如果你现在刚刚结束了疲惫的一天，就赶快慰劳一下自己吧。暂时放下所有的紧张和压力，将目光转移到梵高所描绘的美丽杏树上。这样，你的内心就会重新获得平静与充沛的能量。

迷茫是生命的礼物

喜欢彷徨与变化，那是活着的证明。

–

Richard Wagner

理查德·瓦格纳

神给我们每个人都布置了题目。

“你活在这个世界要做些什么？你通过什么获得幸福？你所做的事对这个世界有帮助吗？”

回答这几个题目，便是我们的人生功课。与学生时代的功课不同，人生这门功课没有及格分数线，没有修习时限，也没有截止时间，一切都由我们自己决定。我们所熟知的那些伟大的人，都好好完成了自己的人生功课。

每当奥林匹克等大型运动赛事结束时，人们都会围绕那些金牌选手展开热烈讨论。他们在赛场上奋力拼搏、勇于超越的姿态，给我们带来了太多感动。在韩国，有在练习中数万次跌倒依然不言放弃的冰上女王金妍儿，还有棚屋里长大、长期靠方便面充饥的伦敦奥运会体操金牌得主杨鹤善等。

感动我们的不只是运动员，还有那些身残志坚、凭着钢铁般的意志完成人生功课的残疾人。画家徐昌宇在大学期间主修电工学，后来在电机工作中因为事故而失去了双臂。在儿子的要求下，他开始尝试用义肢作画，最终克服身体障碍，成了著名画家、水墨速写大师。在 2014 年的索契残疾人奥林匹克运动会闭幕仪式上，他现场表演了 5 种不同的精彩绘画，令人印象深刻。

美国的艾米·穆林斯（Aimee Mullins）患有先天腿部残疾，后来不得不截肢。但她始终保持乐观坚强，在田径比赛中创造了世界纪录，并以模特的身份活跃于各种时尚秀场。

“缺憾总是与我们的伟大创造力相伴而行。与其否定苦难、隐藏苦难，不如从中寻找隐藏的机会。”

这是艾米·穆林斯曾经说过的话。对我们而言，值得庆幸的是已经有许多前人用他们的行动示范了“人应该如何生活”。看着他们成功的道路，我们便能揣摩自己未来的方向。看着他们在比我们更恶劣的环境中充满热情地完成了人生功课，我们便能从中获得继续前进的力量。

在高中时代，我非常喜欢金东律的嘉年华专辑中一首充满正能量的歌曲——《那时候是那样》。

在寒风刺骨的冬天接到录取通知书，我们紧紧相拥庆祝苦难终结。那时候我们以为属于我们的世界即将到来。然而生活并没有这么简单，每一天都是新的战争。

高中时哼唱这首歌，并不觉得有什么特别。然而当我二十九岁时再次听到，才惊觉歌词是如此贴切。记得高三那年，我拼死拼活地努力读书，好不容易通过了文化课考试，却又在美术学院的专业考试上败下阵来。复读 1 年的时间里，我没日没夜地画画，终于考入了大学。原本以为幸福生活终于来临，又被告知复读生必须重新参加一次入学考试。到了大学毕业，求职这座大山又横在了我面前。当我好不容易找到工作，以为一切都会好起来的时候，又因为工作的压力、迟迟不涨的薪水和职场变动而烦恼……正如歌里所唱——生活并没有那么简单。每一天都是新的战争。

当你以为苦难结束时，新的苦难就会到来。这就是这个世界不变的真理。所谓的生活，就是由每一天的困难与挑战连接而成。没有人的生活是一帆风顺的。我们必须要学会如何应对苦难、如何在迷茫的时候重新找回方向。只要我们掌握了与苦难对抗的方法，并完成生活给我们布置的功课，就一定能战胜阻碍，站到更高更远的地方。

李尚华是韩国著名的短道速滑选手，她曾经在温哥华和索契两届冬季奥运会上斩获金牌。当记者问她在两届奥运会之间是如何保持实力时，她笑着回答道："不过是比别人多付出一些心血和汗水罢了。"第一次的金牌是压力也是动力，让她始终保持奋斗的状态，最终取得了不负众望的好成绩。

李尚华在训练中十分刻苦。她每天都要背着汽车轮胎骑自行车上山，并进行无数次的杠铃抬举练习。在训练结束之后，她有自己独特的解压方法，那就是做美甲。作为速滑选手，训练和比赛时都必须穿着覆盖全身的运动衣，唯一暴露在外的部位就只有头部和手了。做美甲一方面可以解除压力，一方面也可以展示她作为女性的美好一面。

记得我十几岁时读世界名著，总是很难理解作者所要表达的深层思想。于是，明明看了一堆"必读经典"，却并没有得到什么真正的启发。同理，我认为欣赏艺术也要选择适合自己的作品。高深的作品固然好，却未必适合自己。真正的好作品，应该刚好

南方庭院

Südliche Garten

保罗·克利

1921

纸上油画

罗蒙美术馆

符合我们内心所感，它们也许在别人的评价和书里的介绍中并不算有名，但那又有什么关系呢？

如果你还没有找到适合自己欣赏的美术作品，就看看下面我的推荐吧。

对于儿童和青少年来说，欣赏乔安·米罗（Joan Miro）和保罗·克利（Paul Klee，1879—1940）的抽象画是很好的选择，因为它们可以激发孩子潜在的想象力。对于二十几岁即将步入社会的年轻人来说，多欣赏具有历史文化意义的作品会对自己更有帮助。

我曾经给一个八岁的孩子看保罗·克利的作品《南方庭院》。当我问孩子，画中的地点像哪里时，孩子看了看画，很快就编出了一个故事：

“这是一片神奇美丽的沙漠。画中那些红色和绿色的植物是沙漠里的仙人掌。不过，这里的土地却让人看得有点悲伤，因为它们都干裂了。所以，这幅画实际上表现了一个处于旱灾之中的村子，村民们需要水。画面中央的黑色圆点就是一个水源。这个水源会越变越大，最后形成一片绿洲。到时候，人们就可以在绿洲上种更多的仙人掌了。”

真没想到，一幅看似简单的绘画作品竟然在孩子的口中变成了一个如此生动的故事。虽然这个孩子只是很自然地说出了心中的想法，却在无形中使用了创意开发教程中的PMI技法。所谓PMI技法，就是在某种状况中去发现Plus（好的地方），Minus（不好的地方），Interesting（有趣的地方）。当我们从一个场景中找出这三个层面的不同内容时，就能展开丰富有趣的联想。

想象力并非孩子的专利。成年人也许一开始很难像孩子一样去思考，甚至感觉自己脑子一片空白，但只要多加练习，也很容易编出各种各样的故事。所以，欣赏名画并进行解读，是一件充满趣味和无限可能性的事。就好比同一杯白开水，也可以制作成许多不同口味的饮料。

如果你和我一样刚刚步入三十岁，那么我会推荐你看一些画家的自画像。到了我们这个年纪，很容易在忙碌的生活中忘记自己的初衷。这时候，不妨看看伦勃朗和梵高的自画像。它们将唤醒你对内在自我的探索，让你从虚无奔跑的状态中清醒过来。

在西方美术史中，自画像是在15世纪之后才出现的。在此之前，画家的地位与工匠无异，并没有资格出现在绘画中。直到文艺复兴时期，画家地位提高、人类尊严开始得到重视，自画像这种绘画形式才开始兴起。在文艺复兴时期的众多画家中，丢勒（Albrecht Durer）是最擅长画自画像的一个。他笔下的自己，充分展现了作为画家的张扬与自信。

而纵观西方美术史，最擅长表现人物内心世界的自画像大师当属伦勃朗（Rembrandt van Rijn，1606—1669）了。他一生留下了一百多幅自画像作品，包括速写、油画和版画等。他将自己从年轻到衰老的整个变化过程，都原原本本地表现在了绘画之中。

大部分画家的财富与名望都是随着年龄增长，伦勃朗却恰好相反。他年少成名，与富商之女结婚，画作订单也是络绎不绝。但随着夫人去世，他逐渐穷困，最后不得不申请破产。从他去世那年所画的自画像可以看出，他的内心饱经沧桑，眼神中充满了凄楚与惆怅。

“先从你所掌握的东西入手吧，这样到最后你没掌握的东西也会变得可以掌握。”

自画像

Self-portrait

●

伦勃朗

●

1669

布面油画

80 × 70.5cm

伦敦国家美术馆

这是伦勃朗留下的一句话，对此我非常赞同。在欣赏艺术这件事上，同样可以运用这个道理。我们先从自己可以理解的作品开始入手，慢慢看得多了，就会开始理解那些一开始很难理解的画作。如此一来，我们对绘画的理解能力越来越强，欣赏范围也会越来越宽广。

欣赏自画像，可以帮助我们理解画家、了解自己。看着画家的自画像，我们便能推测他们的人生轨迹，想象他们的性格特征。接着，我们便会将视线重新投向自己，对自己产生好奇，并发掘隐藏的内在自我。如此看来，自画像可谓是这世界中众多绘画题材中最有意思的了，它可以帮助我们打开一道秘密之门，与那些未曾谋面的画家以及未曾相识的内在自我展开深层对话。

对于四五十岁的人来说，欣赏风景画是最适合不过的了。美丽的风景画，让人仿佛在眨眼之间就来到了真实的自然美景之中。值得推荐的有让·巴迪斯特·卡密耶·科罗（Jean-Baptiste Camille Corot）、韩国画家李大元的作品等。

一幅好的风景画，可以让我们的心灵与眼睛充分地得到休息放松，继而更好地投入到工作与生活当中。不仅如此，它可以增进我们对万事万物的好奇心，并提醒我们去关注和了解自身。

每个人都有彷徨的时候，彷徨这就是我们活着的证据。画家也一样。在历史上，几乎没有一位画家是从一开始就找到自己的风格的。他们总是在持续不断的彷徨与痛苦中寻找自己，进而继续坚持下去，当这种风格陷入僵化时，又重新寻找新的道路。蒙德里安、康定斯基、毕加索……所有著名的画家，全都如此。

彷徨中成长，成长中彷徨，一点点靠近理想中的自我，这就是我们每个人都在经历的平凡人生。当然，除了我们个人的小彷徨之外，这个世界还有许多需要解决的大问题。比如战争、环境污染、贫困儿童等等。但在解决这些大问题之前，我们首先得拯救自己。只有拯救了眼前的状况，我们才有力量去为这个世界做出改变。当你感觉自己走进彷徨的低谷时，不妨先想办法让自己放松一些。如果你还没找到办法，那就和我一样去欣赏名画吧。

我也曾经在年轻的时候迷茫过。我做过各种各样的工作，却始终不知道自己的人生功课究竟是什么。于是，我开始同时尝试美术教育、企业授课和创业等好多事情。每当我拖着疲惫的身躯回到家时，只有艺术可以让我彻底放松，并在接下来的生活中继续充满热情。现在，我就要去看画了。

CHAPTER-2

用美术抚平人生的伤痛

假如人生路上也有红绿灯

悲伤中隐藏着金子，
它最终会变成智慧，带来喜悦。

—
Pearl S.Buck
赛珍珠

在人生这场赛跑上，有很多自认为最辛苦的时刻，但回顾往事时，都并不算什么。当然，路上也有很多意料之外的喜悦，但这些喜悦又很容易因为一场突如其来的变故而消失无踪。

一直以来，我都认为自己是一个努力并且比较幸运的人。我总是充满热情地投入于自己热爱的事业中，而这些事业大部分都进展顺利。但随着年岁增加、步入婚姻，我发现人生并非想象中那么容易。其中，最不容易的事莫过于眼看亲人身患重病了。虽然这个亲人不是我的亲人，而是我丈夫的亲人。但是婚姻让我们成为共同体，所以我必须与我的丈夫一起来承担这份责任。

那段时间我过得非常辛苦。亲近的朋友心疼我，说这些事原本应该是四十岁之后才经历的。我反倒笑着安慰她，有什么关系呢？反正迟早都是要经历的。

某天下班回家的路上，我突然注意到了路边的红绿灯。这个每天都会与我打好多次照面的家伙，今天不知道为什么看上去格外惹人怜爱。也许，是它知道我正需要安慰吧？

“好，我就听你的。红灯停，绿灯行。我的人生已经有太多难以抉择的事情，真高兴你没有把抉择的任务推给我。我只要像现在这样，按你的指示来行动就可以了。”

人的心有时候就是这么容易感动。就像一张毛边纸，只要轻轻滴一滴墨水就能晕染出一大片颜色来。我的心，就这样被一个不起眼的红绿灯治愈了。

“原来任何事物都可以使人疗愈。”

虽然听起来可笑，但那天的我的确是从红绿灯那里得到了安慰。平时那么不起眼、甚至讨人厌的红绿灯，那天却让我心生感激。

我想，人生路上也是有红绿灯的。有时候绿灯亮了，我们不想走也得走。有时候红灯亮了，我们不想留也得留。那些不愿放手也得放手的时刻，那些不能承受也必须承受的苦痛，就是人生吧？即便是从不信命的人，也总有一些时刻不得不在命运面前低头。

如此一想，尚能从红绿灯获得安慰的我，倒也不算太惨。至少，我还可以昂首向前，我还可以期待明天。

反过来想，人生路上有红绿灯的提醒也不是一件坏事。当我们必须停下来的时候，红灯会告诉我们停下来。当我们必须向前走的时候，绿灯会告诉我们向前走。当危险来临的时候，黄灯又会告诉我们提高警惕。如此一来，我们便可以不出差错地走完人生路了。但永不出错的人生并不存在。人生更像是一条错综复杂的公路，即便有红绿灯的提醒，即便你再小心翼翼，也总免不了会有碰撞和意外。

在那段心情沉重的时期，我一度担心自己的文字会不会太阴郁而影响读者的心情。我也试图写一些积极向上的东西，但只要我一动笔，那些痛苦、悲伤、难过的事就涌入脑海。渐渐地，我开始不愿意写作了。有一天，我向一位年长的同学道出了我的苦闷：

“我最近真的很不喜欢自己写的东西。虽然我表面上是讲充满希望的事情，但读起来还是很让人抑郁。社交网络上每个人都表现得那么快乐。我知道幸福不是生活的全部，但还是受不了抑郁的自己。”

这位诗人朋友如此回答我：

“其实并不是只有你一个人这样想，我也是这么想的，大部分人都是这么想的。人们总是只想写积极向上的东西，其实这并不是一件好事。只有把生活中的开心、苦痛、愉悦、绝望通通都写下来，才能让自己的内心更健康。不要以为只有愉悦的部分才值得书写，事实上悲伤也是需要表达的。只有如实地表达一切，我们才能描绘出更真实的人生。”

听完他的话，我重新打起精神投入到了写作中。每个人都有属于自己的苦痛。可能是因为工作，可能是因为爱情，也有可能是因为家庭……虽然我们无法评判这些苦痛孰轻孰重，但有一件事是可以确定的，那就是每个人的幸福与不幸的总量是相似的。有人曾经说，人生就像一个口袋，里面装了一半的幸福石和一半的不幸石。当你把石头从口袋里一个一个拿出来，不可能总是幸福石，也不可能总是不幸石。

因此，不要再羡慕别人的幸福，也不要再为自己的不幸而伤感。要相信你的口袋里还有很多幸福石，而别人只是比你更早拿到它们而已。

麦蒂森广场公园

Madison Square Park

●

查尔斯·霍夫保罗

●

1906

布面油画

50.8 × 40.6cm

在我们的人生道路上，还会有很多红绿灯。它们也许会让我们在想走的时候停下来，又让我们在想停下的时候往前走。如果我们不听它们的指挥，始终按自己的想法来走，人生的道路就会变得混乱不堪。就让我们时不时地听一听红绿灯的话吧。

这幅画的作者查尔斯·霍夫保罗（Charles Hoffbauer，1875—1957）出生在法国巴黎。他毕业于法国美术学院，师从著名画家古斯塔夫（Gustave Moreau），并与马蒂斯、鲁奥（Georges Rouault），活跃于同一时期。1900年，他在巴黎万国博览会上获得一枚铜牌，并得到了法国政府奖学金。随后，他前往意大利旅行，画下了许多沿途风景。他的作品大多描绘贵族生活与城市美景，而《麦蒂森广场公司》这幅作品正是他笔下的雨中城市景象。

画中的地点是位于纽约的麦蒂森广场公园。对于出生于巴黎的查尔斯来说，纽约这座城市有着非同寻常的意义。他在获得法国艺术最高荣誉勋章后，在纽约用奖金举办了第一次个展。第一次世界大战之后，他移居纽约，并以美国公民的身份度过了余生。对他而言，纽约就是第二个故乡。

画中的纽约被雨打湿了。虽然雨还在下个不停，行人和车辆依然络绎不绝。整个画面稍显凌乱，却不知为何给人一种温暖的感觉。也许是因为画家在其中融入了他对纽约的爱吧？画中的人们正按照他们各自的人生红绿灯而行走，有的人前行，有的人停留，也有的人停停走走……

自从在网上连载美术日记之后，我的心态发生很大的转变。一是变得自信，原本只敢写给自己看的东西现在敢于拿出来给大家看了。二是更愿意相信陌生人。更重要的是明白——我不可能让全世界所有人都喜欢我。

所有愿意看我文字的人，都是可以让我敞开心扉的朋友。虽然我们素未谋面，却彼此熟悉。所以，我将每天的心情都装在美术日记中，希望给更多的人带去温暖。

我总是建议那些处于人生彷徨期的人多去尝试写作、绘画或欣赏艺术。写作可以让人更了解自己，并认清自己此刻的症结所在。绘画可以记录和表达自己的心情。如果不会画画，也可以欣赏一些好的艺术作品。在欣赏的过程中，将自己的感情转移到画家的作品中，或者直接从作品中收获灵感，都是很好的体验。

写字与绘画可以记录感情，欣赏活动则可以移情。总的来说，它们都可以在我们的人生中发挥红绿灯的作用。

如果你不知道该往哪个方向走，也不知道该在什么时候停下脚步，就试着寻找一些可以充当人生红绿灯的东西吧。正如画家将作品作为他们的日记，你也可以用写作、绘画来为自己找寻方向。

寻找自己的品位与幸福感

绘画本身
就是一个独立的小世界。

—

皮耶·勃纳尔

每到季节变换之时，我内心沉睡的购物欲望就会苏醒过来。在一个夏末初秋、凉风习习的日子里，我约了好朋友一起逛街。走到一家服装店门口时，我突然紧紧抓住朋友的手臂，激动地大声说：

“啊！这件衣服非买不可。”

当我兴高采烈地拿着新衣服回家，丈夫却泼来一盆冷水：

“这件衣服和你去年秋天买的也太像了吧？为什么你每次买的衣服都差不多呢？”

我振振有词地回答道：

“虽然它们都是格子衫，可是格子之间的间隔宽度不一样啊！颜色也不同啊！袖子的细节也不一样，你看到没？这次这件格子比较粗，感觉更稳重大方呢。”

每到秋季，我的衣柜里就必然会新增一件条纹衬衫，一件荷叶袖针织衣，还有一件做旧款的卫衣。在别人眼里它们和我去年买的那几件并没有什么差别，有的人甚至以为我不怎么买衣服。

为什么我总是会不知不觉买相同款式、相同质感的衣服呢？大概是因为品位这种东西，一旦形成了就很难更改吧。虽然我经常在给孩子和大人们上课时强调“挑战新事物”“创意很重要”，还总是推荐那些充满创意和突破性的名画，但到了自己买衣服的时候，却依然改不了保守的旧习惯。

当然了，旧习惯改不掉，自然有它的合理之处。作为超过三十岁的女人，我对自己的面容和身材优缺点再了解不过，早就懂得了如何在打扮上扬长避短。所以，保持同样的发型、穿同样款式的衣服可以确保我的装扮不出差错。这一点就好比我们在选择朋友的时候，总会倾向于选择那些可以包容我们缺点、促使我们发扬优点的人。

曾经有个演员说过这样的话：“连续几年喷同一种香水，久而久之，那种味道仿佛已经渗入了身体中，要是某一天忘了喷，也感觉自己依然带着香味呢。”坚持自己喜欢的东西，长此以往，就有了属于自己的独特风格。对我来说，如果哪个朋友看到格子纹和破洞牛仔裤就想起我的名字，我会非常开心。

一个人的穿衣品位固定下来之后，在买衣服这件事上就基本不会犯选择困难症了。我对格子图案情有独钟。我的衣柜里装满了各式各样的格子衣物，格子衬衫、格子外套、格子大衣、格子围巾等等。甚至连我家里的床单被套、墙上挂钟都是格子图案。

自从在皮耶·勃纳尔（Pierre Bonnard，1867—1947）的作品中发现心爱的格子图案之后，我就感觉自己和他之间有了某种密切联系。在他的作品中，格子图案经常出现在桌布和女性的衣物上。虽然那些格子总是画得方方正正，却丝毫不让人感觉沉闷。格子图案这种东西，近看密密麻麻，远看却有一种秩序感，就如

咖啡

Le Café

●

皮耶・勃纳尔

●

1915

布面油画

73 × 106.4cm

伦敦泰特美术馆

穿格子衣服的女人

Femme à la robe quadrilée

●

皮耶・勃纳尔

●

1891

布面油画

162 × 48cm

巴黎奥赛美术馆

联画 庭院中的女人

Femmes au jardin 之局部

同偶有意外和混乱却始终保持节奏感的生活。在勃纳尔的作品中，秩序感总是无处不在。那些乍看之下的凌乱，组合起来就形成了灵动而和谐的画面。

在勃纳尔生活的那个年代，欧洲画家们非常喜欢日本的版画——浮世绘。在勃纳尔的作品中，我们也可以看到许多浮世绘的风格特点。

浮世绘兴起于 17—18 世纪的东京，多描绘日本传统戏剧场面和艺伎生活。这种绘画追求画面的流动感，表现了一种“在流水般的世界中潇洒生活”的精神追求。

浮世绘以版画的形式制作，同一幅版画可以大量印制。通过偶然的机会，它从日本传到了欧洲，一开始被当作物品包装纸，后来受到欧洲印象派画家的追捧，成为一种新兴潮流。许多画家都从浮世绘作品中获取了灵感。

勃纳尔作品中的竖长形构图模式，很明显是受到了浮世绘的影响。当别人问他对浮世绘印象最深刻的是什么时，他回答说：“是那些棋盘图案。”由此可见，他对格子的喜爱非同一般。人们还将热爱日本版画的他称为“日勃纳尔”，可见他与日本的渊源之深。

勃纳尔对日本版画的钟爱，很大程度上是源于对华丽色彩和不对称式构图的兴趣。他之所以被后人称为“色彩魔法师”，也有很大部分原因是他从浮世绘这种新兴潮流中找到了独属自己的色彩灵感。如果没有对浮世绘的着迷，恐怕就没有我们今天所熟知的勃纳尔了。事实上，很多画家都和勃纳尔一样，有自己独特而不可动摇的品位和爱好。正是这种执着的热爱，让他们形成了与别人完全不同的艺术风格。

拥有独特的品位，可以让我们更接近幸福。虽然为了追求品位而过度消费不可取，但至少我们可以拥有几件自己喜欢的小奢侈品，比如某个品牌的运动鞋、复古风格的手表、精致的领带、旅行中偶然看上的葡萄酒杯等。这些物件虽小，却可以迅速提升我们的幸福感，让平淡的生活增添了几分小雀跃。

在我看来，坚持自己喜欢的东西就是一种好品位。品位并不是奢侈。你将自己努力赚来的钱，花在自己喜欢的东西上，并因此收获了幸福与喜悦，那么你的消费就不是一种浪费，而是让人生变得更饱满充实的途径。当然，我们也不能完全用物质去填充人生。要记得，物质带来的美好感受，才是我们心灵的滋养良方。

从现在起，思考一下什么是属于你的独特品位吧！也许有一天，你的品位也可以变成对这个世界有价值的东西，并为你打开幸福之门。

朋友是自己的自画像

朋友就是第二个自己。

—

Aristoteles

亚里士多德

想必很多人都听说过亨利·德·图卢兹·罗特列克（Henri de Toulouse-Lautrec，1864—1901）这个名字。他是法国残疾人画家，以设计法国著名舞厅红磨坊的海报而闻名。在韩国，也有一位残疾人画家，他就是具本熊（1906—1953）。我曾经有过一个奇妙的想法，那就是具本熊会不会是罗特列克转世呢？毕竟他出生于罗特列克去世不久，他们崎岖的命运也是如出一辙。

和罗特列克一样，具本熊也出生于富裕家庭。他的父亲是出版社社长，母亲则因为产后忧郁症在生下他四个月之后就离开了人世。从那时起，他便开始了一生的不幸：从小到处借别人妈妈的奶喝，自然身体孱弱，三岁时从保姆的背上摔下来，从此落下了脊柱残疾。

他的一生都因脊柱残疾而受困扰。父亲再婚之后，虽然有了新妈妈，但早已在心里扎根的伤痛与孤独让他成了一个愈发安静忧郁的孩子。因为身体不好，他时常中断学业。在仁王山附近的新明中学上学期间，他结识了一位名叫金海京（1910—1937）的朋友。这位朋友就是后来的著名诗人李箱。李箱总是跟在比自己大四岁的具本熊后面，同时也对身体有残疾的具本熊多有照顾。他们一起度过了青春期，在一起追逐梦想的过程中结下了深厚的友谊。

李箱这个笔名，就是他们在一次闲聊中想出来的。当时，为庆祝金海京考入大学，具本熊送给了他一个文具盒，两个人围绕这个文具盒展开对话，便想出了“李箱”这个名字。

在我看来，画家具本熊与诗人李箱称得上是独一无二的“梦友”。所谓“梦友”，就是可以理解对方的梦想，并互相支持鼓励的朋友。在成长的过程中，能够找到一位“梦友”，一起分享梦想与生活的点滴，可谓是人生一大幸事。“梦友”也许各有各的理想，但并不妨碍大家彼此理解、彼此鼓励。

具本熊的继母后来生了一个女儿，名叫卞东林（后改名为金湘安，1916—2004）。在卞东林 18 岁那年，具本熊将她介绍给了李箱。这位毕业于京畿道女子高中和梨花女专的新女性，崇尚新思想、热爱新文学，对李箱可谓是一见倾心。

后来，李箱由于连锁咖啡馆经营不善而破产，不久又患上了肺病。卞东林不顾姐姐卞东淑的劝说，毅然与李箱结婚。她说：“肺病又如何，只要人好就足够了。”但是婚后仅仅 4 个月，李箱就留学日本，不久之后，他在东京街头被警察错当作不法分子抓进了拘留所。在拘留所中，李箱病情恶化，很快便结束了 27 年的短暂生命。

后来，具本熊成为韩国最早的表现主义画家，李箱也被追认为韩国近代文学的开山鼻祖。

李箱在生前多次为具本熊写诗，具本熊也曾经为他作画。事实上，李箱本人在绘画方面也颇有天赋，他曾经在 1931 年的朝鲜美术展上以作品《自画像》获奖。

从李箱在文章里对具本熊的描写可以看出，他对这位兄长兼挚友有很深厚的感情。

圆框小眼镜、拖地长外套、头上还有一只英国绅士常戴的中山帽——具本熊的造型看上去总有点滑稽，却也让人喜欢。不知为何，他总是让我联想到骆驼突起的背部，以及我肺里生长的病菌组织。他的外形之怪诞与我体内的病症别无二致，以致我对他产生一种同病相怜的奇妙感觉。但他并不因为自己的怪诞而羞愧，反而视之为自己成为画家的必要条件。这反倒让我有些不好意思了。在他的绘画作品中，我同样感受到了这种不屈服于外界压力而极度自由的张力。

在当时李箱经营的钟路咖啡馆里，并排悬挂着三幅画，分别是具本熊的《裸女与景物》《朋友的肖像》以及李箱自己所绘的《自画像》。

有时候，身边的朋友往往比我们更了解自己。比如具本熊所画的李箱肖像，就比李箱自己所画的自画像更传神。亚里士多德曾经说："朋友是寄住在两座身体里的同一灵魂。"也许，具本熊笔下的李箱，也是具本熊本人的另一种面貌吧？

画面中的李箱，因肺病而面孔苍白，留着尖尖的小胡子，咬着一只大烟枪（其实具本熊比李箱更爱抽烟），戴着一顶歪歪斜斜的帽子，眼睛微微上翘，目光直视前方，让人感受到一种生动的叛逆。

朋友的肖像

●

具本熊

●

1935

布面油画

62×50cm

韩国国立现代美术馆

裸女与静物

●

具本熊

●

1937

布面油画

69 × 87.5cm

湖岩美术馆

天生残疾的画家具本熊，英年早逝的文学大师李箱，他们一个热爱绘画却更擅长文学，一个热爱文学却更放不下绘画，在他们短暂的生命中，究竟进行过多少次深入灵魂的谈话呢？虽然他们所从事的领域与喜欢的事物不完全一样，却并不妨碍他们彼此亲近。仔细想来，这样的朋友我也有好几个。

一个人的生命可能会因为遇见不同的人而有全然不同的境遇。朋友对我们人生轨迹的影响，可能远比我们想象的更多。让我们好好回想一下，我们是否曾经因为一段真挚的友谊而改变自己，又是否曾经给朋友的人生带去积极正面的影响呢？

这个世界上有很多不同类型的人。有的人只想着怎么让自己更好，有的人希望和周围的人一起前进，有的人见不得别人好，还有的人则看到别人快乐、自己也感动开心。

成功的人，总是那些希望和别人一起前进，并努力让别人更好的人。所以如果你想要成功，就应该像渴望自己梦想成真一样为朋友祝福、加油。不要嫉妒那些现在比你过得更好的朋友。也许有一天，他就会带你去到更高更远的地方。也不要因为自己比别人过得差而灰心丧气。越是丧气，越是会原地踏步。正如非洲有一句老话——“要想走得快，就一个人走。要想走得远，就大家一起走。”长长的人生路，需要与人共度。现在就想一想，谁是可以充当你自画像的“梦友”，你又是谁的自画像？

每个人都是人生舞台上的演员

人们总说时间可以改变一切，
但事实上真正可以改变一切的是你自己。

—
安迪·沃霍尔

"你的一生能有多少个周末？"

这是日本作家江国香织一本书的题目。最近，这句话总在我的脑海中回荡。有一天，正当我拖着疲惫的身躯下班回家时，接到了未婚好友的电话。原来他们又要约在周五去林荫大道的酒吧街聚会了。在这个时候，我才体会到"黄金周五"离我有多远。我也想给自己放个假，和朋友聚聚会，在跑步机上跑跑步，或者窝在家里舒舒服服地看看书，但是对于一个已婚女人来说，周末要做的事情太多了，时间远远不够。

比如这个星期五，我要准备老公明天参加朋友结婚仪式的西装，把衬衫烫得平平整整。我要把一个星期的脏衣服扔进洗衣机，再烘干，再全部折叠整齐分类放好。

好不容易做完这些，时间已经到了深夜12点。

对于女性而言，婚前与婚后最大的差别就在于周末了。结婚之前，周末对于我来说就是休息和玩耍的时间。除了一年的独居时间之外，我整整三十年都是和父母住在一起，所以几乎不用干任何家务活。我吃着妈妈做好的饭去上学、去上班，就这样还经常叫苦叫累。而今天，我要面对的是好几个小时也做不完的家务活，真是令人感慨万千。

活着活着，我们就会发现肩膀上的担子越来越重了。尤其是像我这样有工作的家庭主妇，更是必须同时扮演好多重角色。我多希望自己像荷兰足球选手菲利普·科库（Phillip Cocu）一样，可以自由游走于各种角色之间，胜任除守门员之外的所有场上位置，出色地完成教练分配的任务。

我们每个人都有多重角色需要扮演。以我自己为例，在父母面前我必须扮演孝顺的女儿，在妹妹面前我必须扮演可靠的姐姐，在老公面前我必须扮演体贴的妻子，在公公婆婆那里我必须扮演懂事的媳妇。这还没完，走出家门之后我还必须是对员工负责的老板，对公司前景负责的领导，对学生负责的老师，对课堂质量负责的讲师。到了晚上，我是作家。到了美术馆，我是解说员，到了报社，我是负责艺术单元的连载作者。除此之外，我还是知名博客的博主、艺术传播者等等。

所有这些就是我作为家庭主妇之外还必须扮演的角色。当然这并没有什么特别，这世界上大多数人都和我一样，扮演着多重角色。在婚后，我对多重角色的身份有了更深刻的体会。因为婚姻使人拥有了更多的身份与职责，要想继续保持轻松潇洒的单身状态，几乎是不可能的事情。为了扮演好每一个不同的角色，我们必须具备随时转化身份、切换任务的能力。不断地转换与专注，并根据不同的环境来发挥自己的作用，只有这样才能成为一个好的多角色演员。

在美术史上，纵然有许多不幸的艺术家，也不乏在世期间便享有声望与财富的幸运儿。我们仔细观察便会发现，后者就是那些可以扮演好多重角色的人。也就是说，他们在除绘画之外的领域也同时表现出色。

其中最具代表性的人物莫过于毕加索（Pablo Picasso）了。毕加索之所以闻名于世，不仅仅是因为他的绘画才能，还因为他可以驾驭现代美术的各种形式题材。他被认为是 20 世纪最伟大的画家、立体主义代表人物，但事实上他在不同的时期还曾经尝试过古典主义、现实主义、抽象主义等许多风格。不仅如此，他的艺术不局限于绘画，还包括陶艺、雕塑等许多其他形式。

西班牙的另一位画家达利（Salvador Dali）也同样如此。他除了绘画之外，还进行摄影创作，在 37 岁那年，他还写下了充满魔幻现实主义色彩的精彩自传。他不是专业演员，却拍过巧克力广告。他不是设计师，却留下了许多设计杰作。我们所熟知的真知味棒棒糖的标识正是由他设计。

提到多重角色，还有一个人不得不说，那就是安迪·沃霍尔（Andy Warhol，1928—1987）。他在世期间的声望无人能及，可谓是多角色演员中的佼佼者。他一开始活跃于商业设计领域，后来又成了众所周知的波普艺术大师。他的艺术同样不局限于绘画，还包括电影、音乐、文学等等。

安迪·沃霍尔的作品中有一幅非常著名的香蕉画。这幅画实际上是他为 1967 年担任监制的摇滚乐队地下丝绒（The Velvet Underground）发行的专辑《地下丝绒与尼克》（The Velvet Underground & Nico）而创作的封面。这张被称为“香蕉专辑”的唱片在当时并未获得成功,后来却成了摇滚音乐史上的里程碑。

皮鞋画

Drawing of Shoes

●

安迪·沃霍尔

●

纸上钢笔水彩

而安迪·沃霍尔免费设计的这个唱片封面，如今已经成了全世界收藏家眼中的抢手货。

在一次安迪·沃霍尔的个展上，我看到了他创作的一系列皮鞋插画。当时我就不禁感叹，这个人绝对是世界上最懂得扮演多角色的演员。

这几幅皮鞋作品与他的其他作品有很大不同。画面上充满复古味道的线条与缤纷的色彩给人一种走进糖果店的愉悦心情。如果不提及作者的名字，恐怕很多人都认不出它是谁的作品。对于安迪·沃霍尔来说，作为一个出色的多面手，创作诸如此类的不同风格作品可谓是得心应手。

沃霍尔是一个很有自信的艺术家，但他从未停止过自我反省。他时而对自己的作品骄傲无比，时而又感到无地自容。虽然他享受万众瞩目的荣耀，却始终与媒体保持一定的距离。从个人形象上来说，他也是极为多变的。

有的人认为安迪·沃霍尔太过于商业化。对此，安迪·沃霍尔的回答是“艺术家为什么非要贫穷？”“每个人一生中都有15分钟成名的机会”。他在工作室雇佣大批助手进行丝网版画印制的行为，曾经引起广泛争议。但当我真正走进他的展览，看到他所创作的风格如此多样化的绘画作品时，才明白他的成功并非依靠复制手法那么简单。他是一位比任何人都勤奋的艺术家。虽然他不断创作诸如可口可乐、罐头等流行商品的复制版画，但他从来就没有放弃过对自己手绘功夫的训练。他所创作的插画作品，数量之巨大简直让人惊叹。

我想，如果安迪·沃霍尔不做艺术家而做皮鞋设计师，也一定能获得成功。只是假设他真做了皮鞋设计师，恐怕我们现在谈论皮鞋的时候就不再是围绕“马诺洛”或者“周仰杰”，而是“安迪·沃霍尔”了吧？

在某个领域获得成功的人，一定具备某种成功所必备的习惯。因此，他们在别的领域也很容易取得成功。这种成功的习惯，可能是应变能力、好奇心，也可能是高度的专注力。安迪·沃霍尔将对时代的思考融入艺术，开创了波普艺术的先河，颠覆了艺术世界的传统。对这个世界永无止境的好奇，让他在艺术家之余还拥有了唱片监制、作家、皮鞋设计师等许多头衔。一旦投入就坚持做到最好，便是他成功的不二法门。

越是充满好奇心、精力旺盛的人，越容易成为多角色演员。我自己就是一个一旦对某件事产生好奇心就完全停不下来的人，无论遇到了什么样的困惑，都会探究到底。有时候看书受到了感动，便会激动地给作者写信。有时候看电视剧有不满意的地方，就会去制作方的留言板上留言。面对未知事物，我总是希望自己去寻找答案，并张开双臂迎接一切挑战。在有的人眼里，我这样的人太没有定数，但这恰恰是我对自己最满意的地方——因为求新求变而拥有多重角色,因为乐于尝试新鲜事物而可以随时投入、随时专注。

在瞬息万变的世界里，始终对万事万物保持好奇心，并将它们转化为才能与创意，是一种了不起的习惯。拥有这种习惯，你便可以活跃于不同的领域，成为真正的多角色演员。

当然，并不是每一个多角色演员都会成为成功人士。但我们在多角色的挑战中，既满足了自己的喜好，又收获了快乐人生，还不够幸福吗？就让我们跟随安迪·沃霍尔的脚步，做一个快乐的多角色演员吧！

最重要的东西往往最容易被忽略

我想不到除了家庭之外还有什么素材。
家庭是其他所有社会领域的象征。

—

Anna Quindlen
安娜·昆德兰

记得在我出嫁之前，母亲曾经伤心地哭过一次。她一边哭，一边委屈地诉说："你每天下班回家就说累了，然后把门一关；你妹妹每天只知道打电话，和她说话也爱答不理。有时候周末上午想和你们聊聊天吧，你们又说不要打扰你们睡懒觉。眼看大家一起生活的时间也不多了，等你们嫁了人，就是别人家的媳妇了……"

母亲操劳一生，全是为了我们这两姐妹。面对我们的不理不睬，她该有多么寂寞难过啊！仔细回想，我在家里对父母的态度实在是不够好。我自以为翅膀硬了，说话总是粗声粗气。我嫌弃父母什么也不懂，总在他们说话时无情地打断……

我在外面待人有礼、亲切和善，回到家里却变得言辞尖锐、性格暴躁。我对外人张口就是"对不起""谢谢您"，对父母却从没有讲过一句谢谢。为什么越是在亲近的人面前，越是无法表现出应有的爱与尊重呢？这也许是因为羞涩，更也许是因为把父母的善待当作了一种理所当然。花朵的开放，离不开春风、雨露和泥土的滋养，而我竟然误以为自己这33年来是靠自己长大的。

在结婚之前，妈妈就是我的恋爱军师和好闺密。为了我的感情问题，她不知道操了多少心。每次分手，我都会在妈妈怀里伤心痛哭，甚至希望妈妈去为我补救破碎的关系。面对我的理智全失，妈妈从来都没有表现过任何不耐烦，她总是用心体会我的伤悲，尽力抚慰我的伤心。

“要是妈妈遇到这种事情，也会难过的。怎么办呢？我的宝贝女儿，要不要妈妈去和他说说？”

即便她最终并没有真的帮我什么，这些温暖的话也足以让我感动。

家庭的温暖与爱，总是在我最脆弱的时刻才清晰呈现。当我因为分手而痛哭流涕，卧床不起、甚至茶饭不思的时候，始终还有妈妈寸步不离地守护着我，有爸爸一言不发、直接带我去吃最爱的辣炒牛肠，还有总是吵架却愿意听我倒苦水的妹妹……他们都是对我而言最最珍贵的存在。

家人总是与我们同在。不论我们成功或是失败、美丽或是丑陋，他们始终在我们身边。事业、爱情都可能离我们而去，家人却永远不离不弃。

如果把英语中的家庭Family一词拆开来，就是father（父亲），mother（母亲）， I love you（我爱你们）。是的，始终在我身旁默默支持我的家人们，我爱你们。

在美国，有一位非常擅长家庭题材作品的画家，他的名字叫伊士曼·约翰逊（Eastman Johnson，1824—1906）。作为一名风俗画家，他除了描绘家庭之外，还善于表现美国不同种族阶层和

布罗基家族的圣诞节

Christmas-Time, The Blodgett Family

●

伊士曼·约翰逊

●

1864

布面油画

76.2×63.5cm

纽约大都市美术馆

谐共处的画面。伊士曼自少年时期起，在一位石版画师傅那里学画，后来留学德国，开始风俗画的创作。不久后，他辗转到了荷兰海德，学习许多比利时和德国画家的作品，此后他又重归纽约，开设自己的绘画工作室。他曾经为林肯（Abraham Lincoln）、爱默生（Ralph Waldo Emerson）、朗费罗（Henry Wadsworth Longfellow）等知名人士画肖像，还是纽约大都市美术馆的创始人之一。后人称他为“美国的伦勃朗”。在他的众多作品中，我最喜欢的还是那些家庭题材作品。

众所周知，西方家庭与东方家庭很不一样。但静静观看约翰逊的作品，我却产生了一种奇怪的想法——难道他上辈子是出生在东方的某个大家庭吗？否则他笔下的家庭怎么会与我们的家庭如此相似？

《布罗基家族的圣诞节》描绘了一个发生在圣诞节的家庭场景。画中的哥哥似乎正在向小妹妹显摆刚刚收到的圣诞节礼物，而小妹妹看着礼物露出了羡慕的表情。

“我也想要一个来玩儿。”

小妹妹的脸上写满了渴望。在小孩子的眼中，哥哥姐姐的东西总是那么具有吸引力。一旁的大姐姐充满怜爱地看着妹妹。也许这只是一个再普通不过的家庭日常画面，却被画家捕捉下来变成了永恒的美好记忆。

诺贝尔奖第一位女性获得者居里夫人（Marie Curie）曾经说过：“家人相互连接形成一个整体，是全世界最大的幸福。”她与丈夫皮埃尔一起发现了化学元素镭和钋。对她来说，家庭就是她事业的坚强后盾和最大幸福。

“相互连接形成一个整体”——这句话越是咀嚼，越是温暖。

哈奇一家

Hatch Family

●

伊士曼·约翰逊

●

1870—1871

布面油画

121.9 × 186.4cm

纽约大都会美术馆

在伊士曼·约翰逊的作品中，我也经常感受到这种无与伦比的家庭温暖。

再来看看这幅让我联想到电影《音乐之声》（*The sound of Music*）的作品《哈奇一家》（*Hatch Family*）吧。哈奇是一名美术收藏家，这幅作品是他委托伊士曼创作的全家福肖像。画中有爷爷、奶奶、父亲、母亲，还有几个子女，三世同堂其乐融融的画面，在我们现代家庭中已经难得一见。

随着丁克和单身贵族的普及，传统大家庭越来越少，家族成员欢聚一堂的场面也越来越稀有。也许是预见到了现代家庭的规模萎缩，伊士曼在作品中尽可能地将家庭成员之间的和睦与欢乐展现得淋漓尽致，他似乎在以画作的形式向我们温柔地提出警告——莫要忘记家庭的珍贵。

即便全世界将我们抛弃，家人始终与我们同在。自从我结婚之后，对父母的思念与日俱增。每每想到他们也会在每个月 25 号的时候收到一堆账单，一边戴着老花眼镜研究一堆数字，一边靠不多的退休金维持家庭开支，便感到一阵心疼。在如此艰难的处境之下，他们依然不求子女的回报，给我们无条件的爱。真是可怜天下父母心啊！

如果用带着爱的双眼来观察眼前的世界，你就会发现哪些才是自己真正应该关心的人。对我来说，他们就是永远欢迎我回家的爸爸、总是为我烧饭做菜的妈妈、始终在我需要的时候陪在身边的妹妹。父母和兄弟姐妹，他们就是最珍贵却往往最容易被我们忽略的存在。

每到新年，我都会在日出之时祈祷。

“希望今年我们一家人平安康健，相亲相爱。”

尽管每天都有日出，我却只会在新年第一天的时候祈祷。如果我对家人的爱，也如日出一般 365 天不缺勤，该多好啊！只可惜实际生活中，我们却常常忽视家人的存在。时常对朝夕相处的家人心怀感恩与珍视，并非想象中那么简单。

最重要的东西往往最容易被忽略。“今天算了吧”“以后再说吧”……这就是我们对家人的态度。不要再等以后了，今天就向家人表达你的爱吧，哪怕只是最微小的行动也可以。

总会有一个人聆听你的世界

没有人喜欢对不会倾听的人说话。

—
Hieronymus
希罗尼穆斯

我曾经接受过很长一段时间的心理治疗。那是在我刚刚创业的时候。过度劳累的工作、心力交瘁的业务沟通，再加上与交往多年的恋人分手，种种压力纷至沓来，让我的内心不堪重负。尽管不愿意承认，但我的确是生病了。

当时，一位在国外学习心理学多年的朋友一见到我就说：

“你现在精神状态很不好。不要一个人胡思乱想了，赶快找心理医生吧。”

听到这话，我一开始是抗拒的。叫我去精神病医院？有没有搞错？我还在为住进精神病医院的梵高扼腕叹息呢，想不到自己也有这一天！见我一副无法接受的样子，朋友开始冷静地劝说：

“肚子疼了就得看内科，牙齿不舒服就得看牙科，眼睛有问题就得看眼科。同样的道理，如果你心里不舒服，当然就得去看心理医生了。在国外学习的时候，我见过许多看上去很正常的人主动找心理医生寻求治疗的，你去试试又有什么关系呢？”

他的话让我有了一些勇气。于是，我打听到一位不错的心理医生，预约了咨询。在心理方面一无所知的我，满以为只需要几次咨询就能彻底治好。带着这样的美好希望，我来到了医院。

第一周的咨询，我主要谈了我现在的状况。第二周，我又讲了我的童年。第三周，我开始讲我的家庭、父母……整整一个月的时间都快过去了，医生还是没有开出任何处方，只是静静地听我说话，录音，并做出适时的回应。到了第五周的时候，我终于忍不住发火了。

“为什么你除了听我说话什么也不做？说实话，我也是花着辛苦赚来的钱到这里来治病的，只希望获得一些可行的解决办法，改变目前的状况。但是您看现在都一个月了，我们还没有开始正式的咨询，只有我不停地在说自己的事情。医生，我的时间和金钱也很宝贵啊！”

听完我的话，医生没有立刻回答，而是给我放了这将近一个月以来的录音片段，里面汇集了我最常用的词语和句子。

“我也不知道为什么就是没法拒绝啊”“我也不知道为什么就这样答应了”“因为我是大女儿”“因为我是老师”“因为我是教育工作者”“因为我是领导”“因为他是我朋友”“我只能这么做啊”“我只能忍啊”“她是妹妹嘛，我就得让着她啊”……

我们在这许许多多的话语中找到了共同点，那就是我总是无法拒绝别人的要求，并且总是以很高的标准来要求自己。之所以无法拒绝，是因为内心深处害怕让别人失望。之所以高标准要求自己，是因为恐惧自己不够优秀。我总是用“必须这样”“必须那样”的观念来强迫自己，一旦自己未能做到，便在自责中难以自拔。

经过这次分析，我终于对自己有了一些了解。在6个多月的坚持治疗后，我最终在医生的帮助下找到了我需要的答案。

“以后我要试着拒绝别人。”

“我不可能对所有人都好。”

“不善良不代表是坏人。”

原来医生听我说话只不过是在等待，等我自己在咨询中找到属于自己的答案。在那一刻，我才领悟到了聆听的力量。敏感的读者读到现在肯定已经发现，我是一个情感充沛的人。我必须通过日记、笔录、艺术随笔等许多形式来表达我内心澎湃的情感。所幸，我身边愿意倾听的人很多。在感受到聆听的力量之后，我也开始学习如何做一个更好的聆听者。

在咨询中所领悟的两件事，成了我后来人生的支撑点。其一是要在别人需要的时候做一个好的聆听者。一个人愿意向我倾诉，未必是因为他需要我提供某种解决方案，也许只是因为对我足够信任。很多时候，解决办法是在聆听的过程中由诉说者自己发现的。

另外一点就是，心灵也与身体一样，会有不可控的疾患发生。就像我们并没有吹风淋雨，还是可能会在换季或免疫力下降的时候患上感冒。当我们的生活环境发生改变或遭遇突发事件时，我们的心理也会产生异样。这时候，选择接受咨询是一种很好的解决方案。不要指望心灵的伤口会随着时间而自动痊愈，置之不理更有可能让病情恶化。一个好的医生不仅能让你这次的心灵感冒痊愈，还能让你的精神免疫力提高，增强日后抵抗挫折的能力。

即便你不去找心理咨询师，也应该找周围值得信赖的长者谈谈你的苦闷。这位长者可以是人生经验丰富的人，也可以是亲戚朋友中具有榜样力量的长辈。另外，如果有人需要向你倾诉，请

有太阳和收割者的麦田
Wheat Field with Reaper and Sun
●
文森特・梵高
●
1889
布面油画
73.2 × 92.7cm
阿姆斯特丹梵高美术馆

一定不要吝啬自己的时间，哪怕抽出一点点的空闲也好。也许我们只要负责听一听，便能让对方的痛苦减轻许多。

对于任何人来说，倾听的力量都是不可忽视的。因为它是沟通的第一步。事实上，倾听并非想象中那么简单。很多时候，倾诉的人会陈述一堆杂乱无章的事情，或者毫无重点地兜圈子。但是即便如此，或者说越是如此，我们越要耐心地听下去。倾听也是需要努力才能完成的事。只要你努力了，你的倾听技巧就一定会提高。

在画家中，就有一些人是依靠倾听的力量而活下来的，比如梵高。

众所周知，梵高在世期间一直不被认可。他的父亲总是看不起这个没有能力养活自己的儿子，他爱的女人也总是不愿意接受他的追求。只有一个人，十几年如一日地支持他、倾听他的苦恼，这个人就是他的弟弟提奥（Theo van Gogh，1857—1891）。因为有这个愿意聆听的弟弟，梵高才写下了 600 多封信件，这些信件可谓是无比珍贵的美术史料。要是没有弟弟坚持不断地支持与聆听，恐怕梵高在如此悲惨的处境之下会更早离开人世。

提奥的倾听，让梵高坚持了下来。有人说，梵高正是因为羞愧于自己对弟弟的拖累，才朝自己开了一枪。

不管这种说法真实与否，对于梵高来说，弟弟的的确确是最忠实的朋友、家人和灵魂伙伴。在梵高去世后不久，提奥也黯然离开了人世。提奥的夫人约翰娜将丈夫葬在了梵高的旁边。看着两个并排的墓碑，我们不得不为这对生死相随的兄弟而感动。

在提奥与梵高的信件往来中，我们可以充分感受到提奥的倾听是多么富有耐心与同情。

似乎心情不安的时候，对每件事的解释都会指向更糟糕的方向。如果你身体好一点了，就赶快给我写信吧，哪怕只有几行字也好。我不认为我的担心是不必要的。总之，我希望你能把你所有的事情都告诉我……不要失去勇气，亲爱的哥哥。不要忘了我是多么想念你。

——《梵高，灵魂的信件》

《有太阳和收割者的麦田》这幅作品是梵高在收到提奥的信件后创作的。人生是孤独的延续。我们正如画中的男子，在广阔的人生田野上一点一点耕种属于我们的生活。当我们感到辛苦疲惫时，不妨找个人倾诉吧。当别人需要倾诉的时候，也不要吝啬我们的真诚聆听。要知道，仅仅是聆听本身就足以在别人心中播下希望的种子。

生命中那些最痛也最美的小事

为了完成每日的工作，我必须去酒吧。

–

图卢兹·罗特列克

我喜欢喝酒，但酒量很差。记得在大学刚入学的时候，我特别喜欢与人拼酒。每次喝完必醉，于是第二天就在宿醉的痛苦中醒来，懊悔不已。然而到了下一次喝酒的时候，依然会重复同样的经历。这样的我究竟是何苦呢？现在想来，大概是为了“装成熟”吧。

人之所以需要装，是因为并不具备或者缺少某样东西。即便如此，仍然想让别人知道“我有，我很强”。作为刚入学的新生，我不希望一开始就被人贴上“不能喝酒”的标签。所以，不论是老师还是前辈递过来的酒，我总是若无其事地一饮而尽。有时候实在难受了，我不得不去洗手间把胃里面过量的酒精吐出来，再回到酒桌上继续喝。

一旦喝了酒，我就在狂躁与忧郁之间游走。时而兴致高昂地载歌载舞，时而极度消沉甚至为过街蚂蚁的性命担忧。两种状态都导致了种种不良后果，以至于我终于领悟到逞强喝酒是多么愚蠢。不能喝就说不能喝，如此自信坦荡地做自己多好啊！更何况，人不论在什么情况都应该保护自己的身体。只可惜这些道理我是在吃了不少苦头之后才领悟，而当时那个害怕被人看穿酒量差、拼命装成熟的我是无论如何也听不进去的。不久之前，我回母校办一些事情，发现“饮酒文化”依然盛行于校园中，学生们个个以拼酒量为乐。

除了喝酒之外，我们在很多地方都可以看见“装”这种行为，其原因归根究底不外乎掩盖自己在某方面的缺陷或匮乏。比如有的人为了掩盖穷酸，硬要购买超出自己经济能力的进口车。比如有的人不懂装懂，反而闹了笑话。在这些时候，最清楚自己是在装的人就是本人了。

在画家中，有一些人从不掩饰自己的缺陷和弱点，甚至将它们原原本本地展露出来，最终取得了成功。还有一些人，甚至将短处变成了长处，将缺陷变成了艺术，成为美术史上熠熠发光的明星。比如从没有正式学过绘画，却凭借独特的画风成为一代名家的亨利・卢梭（Henri Rousseau）；晚年因关节炎而无法执笔，转而选择用剪纸进行创作，结果取得巨大成功的马蒂斯。

除此之外，还有一位简直可以称为缺陷综合体的画家，他就是亨利・图卢兹・罗特列克（Henri de Toulouse-Lautrec，1864—1901）。他出生于法国西南部地区的一个贵族家庭，自幼体弱多病，早年因为两次意外而腿部残疾，从此之后身高几乎没有增长。

在重视家门荣耀的父亲看来，罗特列克简直是自己的污点。他多希望儿子像自己一样天生拥有英俊的外表、擅长运动、活跃于各种社交场所。然而，罗特列克不仅完全没有遗传他的优秀，甚至完全往相反的方向发展，除了整天窝在房间里画画什么也不干。最终，父亲甚至不愿意将财产留给这个儿子，而是将继承权全部交给了罗特列克的姐姐。

红磨坊的沙龙

Salon de la rue des Moulins

●

图卢兹·罗特列克

●

1894

布面油画

111.5×132.5cm

法国罗特列克美术馆

在红磨坊

Au Moulin Rouge

●

图卢兹·罗特列克

●

1892—1895

布面油画

123×141cm

芝加哥美术馆

唯一支持罗特列克的人就是他的母亲了。她心里清楚，罗特列克的身体孱弱与近亲结婚有莫大的关联，而并非是孩子本人的错误。一边是体弱多病的儿子，一边是在外桃花不断的丈夫，母亲心中的苦楚可想而知。而最能理解母亲的人，也只有罗特列克了。

罗特列克出行必须倚靠拐杖，所以他不能像别的印象派画家那样在户外写生，只能出没于酒吧、舞厅和咖啡馆等室内场所，对着妓女、舞女、服务生作画。在他看来，这些出没于声色场所的女子和自己一样，都是“有缺陷的人”。他通过描绘她们，来治愈自己内心的伤痛。在绘画中，他暂时忘记了来自父亲的鄙夷、来自周围人的冷眼，还有饱受伤害的母亲……

罗特列克虽然属于印象派画家，但他的创作不局限于油画，还包括色粉笔画、水彩画、版画、海报设计等。对于自幼残疾的他而言，也许人生本身就是一场多余的旅行吧。所以他即便在昏暗的酒馆和舞厅里也能画出精彩的作品，在悲惨的处境中也能坦然地做自己，倒也痛快。

在他的作品中，我们可以体会到人世间的各种酸甜苦辣，犹如欣赏一幅幅美丽却悲伤的电影剧照。

《红磨坊的沙龙》这件作品与他的其他作品相比，显得有些安静，似乎时间在画面上停了下来。画面中的舞女们并没有准备上台，所以看上去格外轻松，整个空间给人以萧条感。他笔下的舞女，虽然出身贫贱却自有一种高贵、性感与神秘。如此丰富的视觉表现，也许是源于他绝佳的观察力。

罗特列克几乎没有画过自画像，只留下了一张谜一样的剪影。

在《在红磨坊》这件作品中，我们可以看到一些围坐在桌前的人。他们身后，有两个人走过。其中一人个子很高，另外一个人的个子很矮。较高的那个叫塔佩德·塞拉扬（Tapie de Celeyran），是罗特列克的堂兄弟，而个子矮的那个自然就是罗特列克自己了。建于1889年的红磨坊是一个有华丽水晶吊灯和户外庭院的美丽舞厅。对于罗特列克来说，这座位于蒙马特高地的房子简直就是天堂。白天，这里挤满了高谈阔论的画家和哲学家。晚上，这里又被叛逆青年和风月女子所占据。在这里，你可以同时领略到高贵与贫贱，雅致与粗俗，可谓是精彩纷呈。

罗特列克所创作的红磨坊海报，一直是收藏家眼里的抢手货。如果你想知道这些海报当时有多火，只要参考一下韩国涟川支石墓庆典、阳平冰鱼庆典时人们争相购买宣传海报的盛况就可略知一二了。当时，红磨坊舞台上最红的女演员名叫拉·古留。罗特列克在海报中以剪影的形式突出了她的优美舞姿和身体律动感，让人印象深刻、赞叹不已。

也许，如果没有人生路上的诸多坎坷，就没有后来的罗特列克。伤痛与挫折，总是会带来成长与经验。虽然他最后因为酒精中毒而在37岁时英年早逝，他留下的那些描绘灯红酒绿的杰出画作，却始终让人如痴如醉。

这个世界上很少有生而完美的人，更多的是虽有缺陷却不断趋于完美的人。西班牙艺术家贾维尔·马里斯卡尔（Javier Mariscal）患有先天阅读障碍，无法正确理解文字，只能靠绘画进行交流。而正是他，创造了巴塞罗那奥运会的吉祥物“可比”。擅长描绘芭蕾舞女的画家德加（Edgar Degas）晚年视力严重下降，无法作画的他选择用雕塑来创造艺术，留下了与绘画作品一样杰出的大批雕塑。这些有缺陷的人，接受并克服了自己的缺陷，变得更坚强、优秀而从容不迫。

红磨坊海报

Cartaz do Moulin Rouge

●

图卢兹·罗特列克

●

1891

纸上石版印刷

170 × 118.7cm

比起同期报考美术学院的同学，我的基础要差一些，所以第一年很自然地落榜了。在第二年的考试中，我也是几经波折才获得成功。这个世界总是不愿意轻轻松松给我想要的东西。

复读期间，我的心理压力很大。我终日除了读书就是画画，连梳妆打扮都顾不上，还长胖了许多。在一个女孩子最爱漂亮的年纪，我成天不修边幅，吃的是可以在10分钟以内消灭掉的紫菜饭团，再加上当时家里经济条件困难，我身上又多了一个“贫穷”的担子。那时候的我，根本没有自信，只有深深的挫败感。

更要命的是，当时的初恋男友已经考上了大学，他每天兴致勃勃地参加各种社团活动，尽情享受大学生活的快乐，与灰头土脸的我形成了鲜明对比。眼看自己最亲近的人走着与自己完全不同的路，我的挫败感与自卑可谓是达到了极点。最终，我们自然而然地走向了分手。

之后又过了很长时间，当我再想起那段充满挫败与失落的日子时，竟然可以淡然一笑了。在20岁的年纪，我经历了复读，知道学识地位对于一个人的重要性，也真实感受到了无怨无悔的努力之后也未必如愿的苦涩。这些经历都是宝贵的财富，它们一方面提醒我努力与成果未必成正比，一方面也让我更加坚信积极的心态定能带来积极的改变。

从某种意义上来说，挫败感是成功的催化剂。而要让这个催化剂真正发生作用，就需要实实在在的努力。如果比别人差，那就付出两倍、三倍的努力。因此，我对于那些有缺陷而努力奋斗的人总是无比支持。他们的缺陷没有掩盖他们的才华，甚至改变了我们今天生活的这个世界。挫败与缺憾，是这个世界上最痛也最美的东西。

那些为爱付出一切的人最后都如何了？

自爱是一种最伟大的爱。

–

Michael Masser

麦可 · 梅瑟

玛丽安 · 凡 · 维诺肯（Marianne von Werefkin，1860—1938）出生于俄国一个军人家庭，母亲是一名画家。她才华出众，却在去世 50 年以后才公开作品，所以对大众而言并不熟知。

美术史中男性画家数不胜数，女性画家却寥寥无几。比较广为人知的，只有后面会介绍的安托瓦内特的肖像画家伊丽莎白 · 伟杰 · 勒布伦（Elisabeth Vigée Le Brun）、昆虫学家兼画家玛利亚 · 希比亚 · 梅里安（Maria Sibylla Merian），以及弗里达 · 卡罗（Frida Kahlo）、贝尔特 · 莫里索（Berthe Morisot）、玛丽 · 卡萨特（Mary Cassatt）等。

玛丽安 · 凡 · 维诺肯的名气与才华完全不成正比，很大程度上是因为她在失恋之后停止了绘画。

如果从历史的角度来看，她可以称得上是 20 世纪初西方美术的革命先驱。她预见了新的绘画潮流，与康定斯基、保罗克利等一起结成了青骑士社（Der Blaue Reiter）。（译者注：1909 年，慕尼黑新美术家联合会成立，这一组织后来发展成为青骑士社。）

自画像

Self-portrait

●

玛丽安·凡·维诺肯

●

1910

纸上坦培拉

34×51cm

慕尼黑伦巴赫美术馆

然而，她与画家雅夫林斯基（Alexej von Jawlensky）的结合却让她的人生蒙上了阴影。当时，玛丽安正在俄国现实主义画家伊亚·罗平（Ilya Repin）那里学习，对年轻英俊的同学雅夫林斯基一见倾心。随着对雅夫林斯基的爱日益加深，玛丽安越发觉得这个男人才华出众，而自己远不能及。就这样，玛丽安渐渐成了雅夫林斯基背后的女人，而放下了自己手中的画笔。尽管父亲的离世也是她中断艺术生涯的一个重要原因，但更重要的是玛丽安将雅夫林斯基的成功看得比自己的成功更重要。她把所有的爱与希望都寄托在了雅夫林斯基的身上。然而好景不长，雅夫林斯基爱上了一位年轻的仆女，还与对方生下了儿子。

玛丽安放弃了自己的才华、梦想与青春，得到的却只有背叛和破碎的自尊。

直到接近50岁，她才开始重新拿起画笔。从她的作品中，我体会到了一个女人深深爱过又深深受伤后的巨大痛苦。

在《悲伤心情》这幅作品中，我们可以看到一个女人双臂交叉，与自己背后的男人渐行渐远。男人的背影越来越模糊，而她的脸上面无表情。周围的红色田野仿佛代表了她那曾经热烈燃烧过的爱。我多希望，画中的女人可以彻底放下狠狠伤害背叛自己的男人，重新找到属于自己的人生。

和很多人一样，我也曾经奋不顾身地爱过。我希望与他结婚，永远幸福地生活在一起，甚至根本无法想象没有他的世界会是什么样。我一步步沦陷在爱里，整个头脑都被爱情所占据，几乎失去了自己。最后，这段恋情显然以失败告终。事过境迁，我结识

悲伤心情

Tragic Mood

●

玛丽安・凡・维诺青

●

1910

纸上坦培拉

了现在的丈夫，过上了幸福的生活。回首过去，我最大的感悟莫过于：比起爱情来，最重要的东西永远都是自己。

不可否认，爱情可以带给我们无与伦比的美好体验。但如果一份爱情要求我们必须抛弃自己的梦想与生活，那它就是危险的。你要相信，好的爱情会让你离梦想更近，和对方一起携手走向更好的未来。KBS 节目《不朽的名曲》中的“POPING 小子”南贤俊与朴爱丽就是“好爱情”的典范。朴爱丽是韩国歌剧团的著名女演员，南贤俊是一名街舞演员，他们的结合使双方的能量都得到了更大的发挥，令人艳羡不已。他们不仅在各自的艺术领域表现出色，还通过合作擦出了新的火花，可谓是互相扶持、共同进步的爱情模范。我们不妨想一想，现在身边的这个人，是不是那个可以和我们一起开创美好未来的同伴呢？

爱情与学习不同，并不是修完学分就可以毕业，也并不是爱得越多，恋爱的技术就越高明。否则，我们岂不是在死之前才能遇到这辈子最好的恋爱对象？有人可能会问了，究竟最好的爱情何时才会出现？我想说的是，当下你所拥有的，就是最好的。我们无法回到过去，也无法预知未来，唯一可以把握的就是现在。从现在起，珍惜我们现在所爱的人，并好好爱自己。

我们总是将爱与牺牲联系在一起。但如果爱里面总是一个人在牺牲，这份爱情就会变得沉重而令人疲惫。如果现在的你正为了对方放弃自己的生活与梦想，那你就要想一想，这是不是真正的好爱情了。好爱情会让你保有自己的一片天地，同时又能与对方共同成长。

那些我曾经拼死拼活保护过的爱情，最终都因为种种原因消失了。有时候是对方先放手，也有时候是我精疲力竭。爱情的伤害让我成长，但被抛弃的挫败感与失落却久久萦绕在我心头，难以消散。

一位活佛曾经说过，“只有你自己才是最有资格获得你的关爱与呵护的人。”爱是一件美好的事情。但不要忘了，在爱他人的同时，也要多爱自己一些。

用阅读拓展人生的领域

这世界上再找不到像读书这样
廉价而可以获得持久愉悦感的事情了。

—
Michel Eyquem de Montaigne
蒙田

一个热爱读书的朋友曾经这样对我说：

“每次相亲时，我询问女孩平时有什么爱好，很多人都回答读书。读书难道不应该是一项日常活动吗？怎么在她们眼里就成了爱好？”

听到这话，我默不作声地笑了。说实话，我心底里并不认同他的说法。因为我就是那种把读书当成爱好的人。小时候经常听一首叫作《爱好是爱情》的歌，而我每次都会把歌词改成“爱好是读书”。

当然，他的话并没有错，现在把读书当日常活动的人越来越少。2013 年，韩国文化体育观光部展开了一项名为“国民读书现状”的调查，结果显示韩国人均读书量为每年 9 本，每 10 个成年人中就有 3 人是一年也不读书的“书盲”。而人均每天的阅读时间仅为不到 30 分钟。

为什么人们明知读书的重要性却不愿意读书呢？我想，是因为内心缺乏阅读的冲动。毕竟阅读并不能立刻换来立竿见影的成果。一个待业青年不可能读完书立刻就有工作，一个职场人也不可能因为读书而加薪。

在我周围，热爱读书的朋友也并不多，坚持读书习惯的人更是寥寥无几。从什么时候开始，读书不再是我们日常生活的一部分，而成为一种特殊的活动呢？如此看来，读书作为一种爱好也并不为过了。

说实话，我也是在不久之前才开始好好读书的。我喜欢去书店以“血拼”的心态买书，自从工作以来，每个月都会花 500 块左右的钱来买书，但是读来读去也只限于自己喜欢的那几本，也没有好好写过读后感。就这样，大部分买来的书都被束之高阁。即便有时候有意识地买一些突破阅读习惯的书，到头来喜欢读的还是自己习惯的那些类型。

我家大约有超过 2000 本书。但说句老实话，我活了 32 年，从 7 岁识字到今天这 25 年间，真正仔细阅读过的书还不超过 500 本。

我自幼读书习惯就比较奇特。我似乎总是没办法好好读一本书，要么读着读着开始在书上涂鸦写字，要么看到喜欢的句子，就抄到便利贴上到处张贴，书却扔到了一边。我总是在厕所、床头、沙发、餐桌到处都摆几本书。于是一会儿读这本，一会儿读那本，总是换来换去。

有一次一位爱书的朋友来我家，看到我读书如此没有章法，差点没气晕过去。她是那种将书本奉若神灵，绝不会轻易折叠书角或画线的人。她的态度让我隐隐有些怀疑自己这样的读书习惯是不是不太好。不过偶然有一次在 NAVER 的“知识人书斋”

中读到，不少作家都和我有一样的阅读习惯，甚至有作家认为书本根本就没有从头读到尾的必要。

这下子我如释重负。没想到自己长久以来看似错误的行为，居然有了合理的证据和解释。于是，我变本加厉地“不好好读书”。后来有一次在名为“高效率阅读”的讲座上，我又一次发现老师介绍的读书方法竟然与我的阅读习惯颇为相似。从此，我读书就越发没有章法了。看到喜欢的句子就毫不犹豫地画大粗线，一有什么想法便毫不犹豫地写在书页上。

阅读让我与未知的世界连接，让我变成更好的人，并使我懂得如何处理那些从未遇见过的状况与问题。从这点上来看，读书可谓是扩展了我人生与思想的边界。

著名印度医学作家狄巴克·乔布拉（Deepak Chopra）曾经说：“阅读给了我们停下来回顾自身的机会。”在以电视为首的视觉媒介占据主流的今天，停下来回顾自身变成了一种奢侈的体验。我们一旦打开电视机，便会不由自主地接收大量视觉信息，造成“大脑跟着信息跑”的窘态。而阅读不同。书在我们自己的手里，速度由自己调节，我们可以在脑海中构建想象，也可以暂时停下来对某个概念进行充分理解。如此良好的阅读体验与渴望进步的意志相结合，便形成了精神上的长足进步。

但凡经历过阅读带来的精神变化的人，都知道阅读的魅力所在。即便是同一本书，每一个人读到的感兴趣的句子都不同。即便是以前读过的书，重新阅读也会有不一样的感觉。当产生共鸣的句子出现时，我们会感到心头一热，甚至热泪盈眶。我每当体验到读书带来的震撼时，便会成为不折不扣的读书教信徒。

在结婚之前，我有一个美丽的幻想，那就是将我和未来丈夫的书合起来，组成一个家庭小书店。而现实是，我选择的男人是一个一辈子只反复读两本书的人。我们同居之后，他带过来的书就只有 2 本，那就是几年前流行的朗达·拜恩（Rhonda Byrne）的《秘密》（*The Secret*）的英文版和韩文版。长时间生活在美国的他，在读完英文版之后感觉意犹未尽，便又买了韩文版。他坚信那本书所描述的宇宙法则，在过去十年中都按照书中所宣扬的方式去生活。

既然如此，我也只好认命了。于是，我在我们新房的书架上，将他仅有的两本藏书放在了中央位置。在众多书册中，那两本书似乎格外引人注目。我想，也许是因为它包含了老公年轻时代的梦想与情怀吧？多读书固然好，反复读同一本书，也不失为一种独特的学习方式。

古人爱读书。他们对书的热爱可以从传统绘画“册架图”中窥见一二。这种图画流行于 18—19 世纪，顾名思义是一种描绘书架与书册的绘画，表现了古人对于书籍的珍爱之情。在名画中，这类画属于“文房图”。

“册架图”的诞生，与朝鲜时代热爱文艺复兴的君主——正祖帝有莫大关联。在正祖帝的主持下，宫廷成立了画院。画师们便开始描绘册架图。与之相对应的，是中国的多宝格景画，区别在于多宝格景的内容不拘于书本，而册架图更强调书本本身。这种绘画一开始仅流传于上流社会，后来渐渐扩散到民间，可谓是风靡一时。在当时的富贵人家，屏风大小的册架图极为普遍，普通人家的册架图则要小得多。

随着册架图的盛行，画中书架上的摆设也从中国的陶瓷、华丽器具等逐渐转化为具有朝鲜特色的瓷器和物品。

册架图

●

作者不详

●

20 世纪

78 × 38cm

8 幅屏风之局部

古人比我们更爱书，但他们要找一本书却并不像今天的我们这样容易。对于贫苦的古代读书人来说，能够尽情阅读自己喜欢的书，就是人生最大的幸福了。也许正是怀着这样的憧憬，他们才会在自己的房间挂上册架图吧？

大部分的册架图作品在透视上都有些扭曲。按照近大远小的透视原理，越是靠后的物件其画面上的形体应该越小，而册架图却恰好相反，大部分都是“远大近小”。这样有趣的表现手法也许是为了说明读书可以扩展人的世界观、加深人的思想深度，从而使遥不可及的事物变得清晰可见。此外，册架图的绘画视角也并非单一视角，而是多角度叠加，时而从下往上，时而从上往下。这种绘画方式与毕加索的立体派绘画颇有相似之处，似乎暗示了同一本书也可以从不同的角度去阅读。

以前的我非常热爱旅行。只要有 3 天的假期，就会去日本。要是有 5 天假期，就去菲律宾或者泰国。要是有 10 天的假期，就去欧美国家。我见过的机场恐怕比我看过的画还要多。我原本以为自己这辈子都会在不断的旅行中度过，最近却发现随着心境与环境的改变，旅行变得不那么吸引了。有一天整理书桌，我看见了许久不用的护照本，才发现自己依然有一颗热爱旅行的心。

然而旅行真正的意义是什么呢？无非是从重复的日常生活中暂时脱离罢了。

既然如此，去哪儿旅行就没那么重要了。哪里都可以是出发机场，哪里都可以是目的地……于是，我开始经常去光华门旅行。我走进名叫书店的国家，辗转于不同的书之城市，在那里找到了另外一片天地。如今，书本已经成为对我而言最伟大的旅行。

“可是我没时间读书啊。”

“我看到那么多字就头疼。”

不少人都对我说过类似的话。是的，大家都很忙。但越是那些在自己的领域取得成就的人，越是爱读书。他们再忙也要坚持读书，必然是的的确确从中获得了益处。所以，在我看来“没时间读书”这句话的潜台词不过是“我不愿意花时间在读书上”罢了。

当你燃起读书的念头时，不需要将家打造成图书馆，也不需要做好万全的准备。你只需要在清晨睁开眼，拿起身边的书，随意翻看十几二十分钟就够了。你也可以在等人的时候，用读书来打发时间。上下班的地铁也是读书的绝佳场所。我总是选择坐地铁而不是巴士。因为在没有晃动的车厢里，拿起笔来做笔记会比较方便。

不同的地点适合阅读的书也不同。比如，我喜欢在家里只有一个人的时候，读美术方面的专业书籍，因为这时候精力最容易集中，而且还可以随时通过电脑查阅相关资料。而文字优美的散文，我则喜欢在咖啡店或者其他环境优美的地方阅读。在上下班的地铁上，我会选择阅读那些即便中途被打断也不影响阅读体验的短文合集，如果是四天三夜的旅行，我就会带上平时因为忙碌而无暇翻看的心爱小说。

有没有一种方式，可以扩展人生的疆域？有，那就是读书。阅读与绘画都是我们开阔眼界、丰富人生的理想途径。因为爱书，我也喜欢与书有关的绘画作品。每次看到这些作品，我对阅读的热爱就会又增加几分。

“胸中万卷书，方能作诗画。”正如秋史金正喜所言，扩展人生版图最简单也最有效的方法只有一个，那就是读书。

CHAPTER-3

那些指引
我人生的画家

Vincent

既是女王，也是朋友——伊丽莎白·伟杰·勒布伦

顺境中朋友知我，
逆境中我知朋友。

—
John Churton Collins
约翰·丘顿·柯林斯

小时候特别喜欢一本名叫《凡尔赛玫瑰》的日本漫画，尤其对漫画中的男主人公奥斯卡情有独钟。当时我很好奇，凡尔赛玫瑰究竟是什么意思呢？了解之后才知道，原来它暗示了“华丽的洛可可文化以及如玫瑰般美丽的皇族女性”，表达了对凡尔赛贵族女人的称赞。

漫画中的女主人公名叫玛丽·安托瓦内特（Marie Antoinette，1755—1793），是奥地利王国女王玛利亚·特蕾西亚（Maria Theresia）的小女儿。为了确立奥地利与法国的同盟关系，她在十四岁时就孤独地远嫁法国。

传说中玛利亚·特蕾西亚是全欧洲最美丽的女人。玛丽·安托瓦内特继承了她的美貌，拥有白瓷般晶莹剔透的皮肤，和令人惊叹的银丝长发。当时，法国贵族女性为了拥有像她那样美丽的银发，甚至专门将白色的谷物粉末抹在头发上。由此可见，玛丽·安托瓦内特可谓是引领潮流的风向标。

但事实上，安托瓦内特很不快乐。政治婚姻的枷锁、宫中生活的枯燥无趣再加上众人时时刻刻的关注，这一切都让她倍感孤独。她选择用穷奢极欲的方式来排解内心的苦闷。每天夜晚，她都会在凡尔赛皇宫的花园里举办豪华的派对和舞会。由此而来的巨大开销，让原本就入不敷出的法国皇室无力承担，只好向人民征收更多的税金。此举自然引起了广大民众的强烈不满。

“没有面包的话，吃蛋糕不就好了吗？”

传说中安托瓦内特听到百姓吃不起饭的消息，竟然天真无邪地说出了这样的话。当然了，这句话很可能并不是真正从安托瓦内特口里说出来的。但由此可以看出，她奢侈与挥霍无度的形象是多么深入人心。当时的百姓与后人对她的不满甚至已经达到了不惜抹黑的程度。

先是当公主，后是当王妃，安托瓦内特的人生可谓是华丽到了极致。但好景不长，法国大革命的到来使她最终被送上了协和广场的断头台。这位百姓眼中“可恶的奥地利母猫”“榨干人民血汗的女人”，死的时候只有三十八岁。虽然她一生恶评如潮，却在流行时尚的历史上写下了光辉的一页。由她所开创的时尚风格，并没有因为时间流逝而褪色。在时尚界，甚至有“玛丽·安托瓦内特风格”这样的术语，专指18世纪贵族女人的典型服饰。她的洛可可风格装扮，即便以我们现代人的眼光来看，也丝毫不显得过时，反而充满浪漫与华丽的色彩。

2006年，女性导演索菲亚·科波拉（Sofia Coppola）将玛丽·安托瓦内特的故事搬上了大银屏。这部名为《玛丽·安托瓦内特》（*Marie Antoinette*）的电影，以不批判也不称赞的态度，对安托瓦内特的一生进行了精彩勾勒，给观众留下了无限的反思空间。

法国王妃玛丽·安托瓦内特

Marie Antoinette, reine de France

●

伊丽莎白·伟杰·勒布伦

●

1783

布面油画

116×88.3cm

法国凡尔赛宫

在那个公民意识觉醒的年代，安托瓦内特没有接触新思想的机会，所以自然无法理解民间所发生的一切。另一方面，她作为女性除了穷奢极欲之外，几乎找不到别的途径抒发内心的寂寞。与此同时，作为丈夫的路易十六对她也产生了或多或少的负面影响。如此多角度地考量，便更能理解她的悲剧命运。

十四岁的少女，原本正是无忧无虑、享受青春的年纪，尚难建立起成熟的善恶是非观念。但安托瓦内特在如此年纪，就必须身担王妃的重责，生活在众人的瞩目下，的确是一件相当不容易的事。

在电影中，安托瓦内特曾经说："虽然所有人都对我唯命是从，但我却连一个真正的朋友也没有。我多希望有一天，哪怕只有一天，做一名平凡的女人也好啊。"

真正能理解她这番心情的，恐怕只有女性画家伊丽莎白·伟杰·勒布伦（Elisabeth Louise Vigée Le Brun，1755—1842）。

伊丽莎白笔下的安托瓦内特，虽然穿着锦衣华服，却依然显得落寞。她手里拿着一枝美丽却极易凋谢的玫瑰花，仿佛暗示了她那华丽绽放却匆匆黯然收场的悲剧人生。

伊丽莎白是描绘玛丽·安托瓦内特最多的法国女性画家，也是安托瓦内特为数不多的知心友人之一。她出生于法国巴黎，十二岁时父亲逝世，随后母亲改嫁入豪门，她也随之进入了新的家庭。她从青春期就开始学习肖像画，展示出非同一般的天赋与才能。后来，她与一位画家兼美术商人结婚，成为专为法国贵族画像的著名画师，就连玛丽·安托瓦内特也邀请她进宫作画。孤独的安托瓦内特与伊丽莎白一见如故，在随后的几年里，伊丽莎白长期在皇宫中为她作画，也时不时画一些其他皇室成员。

戴着宽檐帽的自画像

Autoportrait au chapeau de paille

伊丽莎白·伟杰·勒布伦

1782

布面油画

97.8 × 70.5cm

伦敦国家美术馆

法国革命开始后，伊丽莎白离开法国，先后去了俄国、意大利、匈牙利等许多国家。就这样，她结识了许多欧洲贵族，人气越来越高。在罗马，她受邀成为美术学院会员。在法国进入拿破仑时代后，她又回到了法国，此时她已经50多岁了，但始终以热情投入绘画事业中，一生留下了600多幅肖像画和200多幅风景画。

与年纪轻轻就被送上断头台的玛丽·安托瓦内特相比，在颠沛流离中始终坚持绘画的伊丽莎白似乎显得幸运得多。但我想，这种幸运绝非偶然,而是与伊丽莎白平时的为人处世有很大关联。正是因为她一向与人为善、值得信赖，才会有那么多人愿意帮助她。她与丈夫始终与法国的贵族人士来往密切，所以就连国王的妹妹以及玛丽·安托瓦内特的母亲特蕾西亚都曾经请她画像。

在为安托瓦内特画像的过程中，伊丽莎白会耐心地解释自己的绘画方法，并为了改善众人对安托瓦内特的印象，而努力将她描绘成贤妻良母的形象。她与王妃之外的贵族夫人们也时常来往。虽然这一切难免使她招来一些妒忌，但她并不介意，而是更加热情地专注于绘画事业。

1789年，法国大革命开始。法国皇宫受到袭击，许多皇室成员沦为阶下囚。伊丽莎白无奈逃离了巴黎。所幸她平日人脉甚广，很快就被意大利的皇室成员保护了起来。1793年10月16日，玛丽·安托瓦内特被处死。而此时，伊丽莎白将自己与丈夫的共同财产捐给了法国大革命的领导者。

《戴着宽檐帽的自画像》这幅画作是伊丽莎白的自画像。

与玛丽·安托瓦内特相比，她的美貌毫不逊色。画面中的她手持画板与画笔，脸上露出与男性画家不相上下的迷人自信，难怪连王妃都对她宠爱有加。

伊丽莎白擅长画人，也十分擅长做人。在法国大革命前，她对皇室忠心耿耿。大革命爆发之后，她又积极地支持革命事业。有人说她太过圆滑，但我倒觉得这份圆滑并没什么不好，甚至可以说是人生在世所必备的一项技能。

总而言之，伊丽莎白成为皇室和贵族的宠儿绝非偶然。这一切都要归功于她出色的绘画实力和为人处世之道。若非如此，她的名字恐怕就不会长留于美术史中了。我们要相信，与人为善，必会有所善报。好好对待周围的每一个人，让良好的人际关系为我们带来更多好运吧！

选你所爱，爱你所选——梅里安与申师任堂

真正的成功是终生
从事自己所热爱的事情。 158

–
David McCullough
戴维·麦卡洛

有这样两个少女。她们生于不同的时代，不同的地方，但她们都同样处于女性难以获得工作和学习机会、自由开展社交活动的大环境之中。于是，她们便开始对地上的蚂蚁、路边的花朵产生兴趣，并将它们画下来。她们经过坚持不断的仔细观察与勤奋练习，充分掌握了各种昆虫的外形特点与习性，还完成了许多昆虫的画作。

她们一个是德国的昆虫学家梅里安，另一个是留下名作《昆虫图》的朝鲜画家申师任堂。

在玛利亚·希比亚·梅里安（Maria Sibylla Merian，1647—1717）所生活的那个年代，人们相信亚里士多德的自然发生论，即像蝴蝶这样的生物是从泥土里自然生成的。但梅里安从十三岁开始就对这个理论产生了怀疑，她总是抓一些昆虫回家仔细研究。梅里安的父亲马修斯·梅里安（Matthaus Merian）是一名铜版画家兼历史学家，母亲是一位地理学家兼著名出版商人。在父母的

影响下，梅里安自幼就展现出不凡的绘画才能和学习天赋。

但随着父亲去世、母亲再婚，梅里安变成了一个孤独的小孩。她并没有因此消沉，而是将时间投入到了对昆虫的观察和研究中。她还将自己的研究成果制作成铜版画，并用水彩颜料上色，创造了一批独具特色的昆虫绘画作品。

到了50岁的时候，梅里安在看过新大陆的昆虫标本之后，对那里的昆虫产生了浓厚的兴趣，带着小女儿踏上了前往苏里南的旅行。在那里，她穿梭于丛林之中，尽情采集各种昆虫和植物标本，却不慎染上了热带传染病，并在2年之后回到了德国。她拖着虚弱的身体整理在苏里南所收集的资料，终于于1705年出版了名为《苏里南昆虫的变态》（*Metamorphosis insectorum Surinamensium*）的著作，展现了自己作为自然科学家与画家的丰富学识与惊艳才华。这本书中有60多幅铜版画，生动地描绘了各种植物与昆虫，一经出版便在欧洲昆虫学界引起了巨大轰动。俄国的彼得大帝对她的昆虫绘画十分感兴趣，甚至四处找人打听梅里安的联系方式，希望收藏她的画作。

梅里安出生于女性活动受到限制的年代，但她为了自己所热爱的事业而突破外界的阻碍，最终成为科学艺术（Science Art）的代表人物。但由于她并非昆虫学科专业出身，也不会画当时十分热门的人物画与宗教画，在很长时间里并没有获得与其才华相符的评价。直到她去世之后，人们才将九种蝴蝶与六种植物的名字以她命名。后来，德国政府还将她的画像印在了500马克的钞票上。

除了梅里安之外，还有另外一位女性值得我们关注，她就是朝鲜著名书画家申师任堂（1504—1551），也是诗画家李珥的母

（上图左）木槿花与变态蝴蝶

Althea and Lepidoptera Metamorphosis

●

玛利亚・希比亚・梅里安

●

取自《苏里南昆虫的变态》

（上图右）香蕉树蜥蜴和昆虫的变态

Banana Tree with Lizard and Lepidoptera Metamorphosis

●

玛利亚・希比亚・梅里安

●

取自《苏里南昆虫的变态》

（下图）德国 500 马克纸币上的玛利亚・希比亚・梅里安画像

亲。申师任堂出生于一个普通家庭，家中五个孩子都是女儿，而她自己是最小的一个。她九岁开始自学绘画，时常临摹当时的知名画家安坚的作品，比如《梦游桃源图》《赤壁图》《青山白云图》等。父亲被她的绘画才能而震撼，时常感叹“你要是男孩该多好啊”。

在那个年代，女性没有自由外出和读书工作的机会，她唯一的爱好便是在家中描绘地上的昆虫、小动物，农田里的蔬菜、花朵等。她尤其擅长描绘昆虫与花卉。由于她的画作十分生动逼真，有一次将画放在地上晾晒，一只小鸡走过来，竟然以为画上的虫子是真的，一个劲儿地啄，差点把画纸弄破。由此可见，申师任堂的画技可谓是相当了得。她是朝鲜时期贤妻良母的典范，更是当仁不让的第一女画家。

在韩国的五万元纸币上，可以看到申师任堂的头像。她与梅里安一样，出生于女性自由受到限制的年代，却摆脱了环境的束缚，以持续不断的专注与热情对昆虫与花朵进行观察与探索，最终成了极具代表性的女性人物。

通过她们的事迹，我领悟了一个道理，即所谓成功就是从事自己所热爱的事情，并排除干扰专注于自己内心的声音。

“如果我没找到可以全情投入的事业，是否还能获得幸福呢？答案是不能，绝对不能。如果我没找到，那我现在一定过得非常凄凉。”

这是亿万富翁、维珍航空的老板理查德·布兰森（Richard Branson）曾经说过的一句话。这位曾经驾驶热气球穿越太平洋、大力支持太空旅行商业化的传奇人物，正是靠着对事业的无限热情，走上了人生的巅峰。

“我有自己喜欢的事情，可是它并不能立刻带来财富。”

“在公司上班有固定收入，做自己喜欢的事情收入就没那么稳定了。”

经常有一些朋友，前来向我咨询关于自由职业和创业的事情。他们最常说的话就是上面两句。正如他们所想的那样，这个世界上很少有两全其美的事情，所以要想一边做自己喜欢的事情、一边赚得盆满钵盈，并没有那么简单。但是，也不是说完全不可能实现。只要你相信自己，不断倾注热情与心血，总有一天会从你所热爱的事业中获得相应的物质回报。

爬过山的人都知道，站在远处很容易看得到山顶，而爬到半山腰时山顶就不见了。事实上，这恰恰是因为我们离山顶的距离更近了。当看不到希望时，只要再坚持一下，再拼搏一把，就一定能到达自己渴望的目的地。很多人在开始之前就开始忧虑，而中途又轻易放弃，就这样虚度了一生。如果你已经找到了值得将生命的每分每秒都投入进去的事业，就试试去拼尽全力吧。这个世界上还有太多人，苦苦寻找着自己所爱却未能如愿，所以光是拥有热爱的事业，就已经足够幸福了。

在我教书育人的过程中，明白了一件事情。如果一个孩子有的科目比较好，有的科目比较差，与其花费时间补习，倒不如把精力专注在那些擅长的科目上。一旦孩子在某个科目取得好成绩，就会变得自信，从而慢慢开始在其他科目上也获得提高。而如果将精力完全投入到那些不擅长的科目上，不仅达不到良好的效果，还很容易自信全失。

高中时代，我的数学成绩排名全班倒数第三。在我后面的两个人，都是几乎不上课的体育特长生。我花费了许多时间补习数

草虫图 中 茄子与大尖头蝗

申师任堂

纸上淡彩

32.8 × 28.0cm

韩国国立中央博物馆

8 幅屏风之局部

学，成绩还是不见起色。有时候我考试之前明明拼命复习了，结果比那些不看书的同学还考得差。虽然自信心倍受打击，但我始终没有放弃，继续将所有的时间都用来学习数学。而结果依然很不理想。

终于有一天，我幡然醒悟，将学数学的时间用来提高我本来就比较拿手的语文和政治。结果，我在高考中满分 80 分的数学科目只考了 28 分，但因为语文和政治分数比较高，也算是拉回了不少，好歹是上了分数线。由此可见，果断放弃那些自己不擅长的事情，转而将精力投入到自己擅长的事情上，才是明智之举。

如果你英语不好，没关系。如果你没能考入好大学，也不要紧。只要你找到一件自己比别人做得更好的事情，并专注于它，就一定不会比其他人差。如果你还没有找到自己的特长，就赶快拿出纸来，写下那些喜欢做的事情吧，哪怕只是一些不那么起眼的小事。只要找到了，你就能渐渐发现自己的职业方向。

让我们像梅里安与申师任堂那样，选择自己所爱的事业，并为之拼尽全力吧。

“让一个人变得强大的，不是他做了什么，而是他付出了多少努力。”

这是美国小说家海明威（Ernest Hemingway）曾经说过的一句话。当我们为了自己所热爱的事业而努力时，我们就成了自己的代言人，并不断变得更加强大。

让你梦想成真的咒语——让·莱昂·杰罗姆

如果你足够渴望，梦想就会成真。

–

Walt Disney

华特·迪士尼

有一天，小学时期最好的朋友给我发了一条短信。

“我居然在电视上听到你小学时候最喜欢唱的那首歌了，看来你的意识很超前啊。”

有一段时间，一个电讯公司的电视广告使得“哔哔滴啵哔滴叶”这句话成了流行语。《哔哔滴啵哔滴卟》(*Bibbidi-Bobbidi-Boo*)这首歌，其实是20世纪50年代一部名叫《灰姑娘》(*Cinderella*)的动画片里的插曲。每当妖精妈妈将要满足灰姑娘的心愿时，便会吟唱这句咒语。当时，这首歌还取得了美国Billboard流行音乐榜单第19名的好成绩呢。

“哔哔滴啵哔滴卟！”

小时候，每当我遇到什么解决不了的问题，总是会念出这句咒语来。很神奇的是，它经常会让我的小小心愿变为现实。

这让我相信，心愿这种东西，只要心够诚、念得够多，就一定能实现。

在古希腊罗马神话中，就有一则关于心诚则灵的故事。有一位名叫皮格马利翁的男人，是赛普洛斯岛上的国王。自古以来，岛上的女人都会将登岛的异乡人处死并放置于祭台之上。这一举动使得阿弗洛狄忒女神十分恼怒，便对岛上的女人下了咒语，使她们成为出卖肉体而不知羞耻的妓女。

皮格马利翁自幼生活在岛上，看着这些浪荡风骚的女人长大，所以在他眼中女性就是丑恶的代名词。他有一双巧手，擅长制作各种雕塑。有一天，他将自己心目中美好女性的形象做成了一尊雕塑。这件象牙雕刻而成的女性雕塑，美得无与伦比。于是，他渐渐爱上了雕塑。

他和雕塑说话，送给雕塑礼物，为雕塑穿衣服，甚至给它佩戴珠宝……他对待雕塑，就像对待自己的恋人一样，甚至希望，它有一天可以变成真正的女人，和自己结为夫妻。阿弗洛狄忒被他的真心所打动，决定帮他实现心愿。

这一天，皮格马利翁和往常一样回到家中，第一件事就是亲吻雕塑。神奇的是，他竟然在雕塑身上感觉到了温度。渐渐地，雕塑越来越像人，最后竟然真的变成了人。皮格马利翁长久以来的愿望成真了！

于是，皮格马利翁将雕塑，不，将这个美丽的女人取名为“加拉泰亚”，并与之结为夫妻。

皮格马利翁的故事给艺术家们带来了灵感，许多画家都曾经以此为题材进行创作。剧作家萧伯纳（George Bernard Shaw）曾经于1912年以这个神话为蓝本，创作了著名戏剧《皮格马利翁》。

在心理学上有一个术语，叫作“皮格马利翁效应”。意思是如果你持续对某个对象倾注爱与关心，那么收到这些关心与爱的人就会变得如你所期待的那样，产生各种正面变化，比如变得更勤奋、能力更强等，并最终取得与期待相符的积极成果。在教育心理学领域，皮格马利翁效应又特指教师以充满爱与肯定的方式对学生施加影响，就会使得学生变得更加优秀，即强调教育过程中信任、称赞与鼓励所发挥的重要作用。

让我们来看看让·莱昂·杰罗姆（Jean-Leon Gerome，1824—1904）笔下的《皮格马利翁》吧。在这幅作品中，我们可以看到虽然雕塑已经具备了真实的肉身，但腿部仍然是白色的象牙。如此看来，她是从头部开始逐渐变身成人的。凭借持续不断的虔诚与祝愿，皮格马利翁将自己的雕塑女神变成了真人。同样地，只要我们持续不断地付出行动并真诚渴望，梦想也一定能化成现实。

“哎，因为某些的原因所以做不到啊。”

人们经常将诸如此类的话挂在嘴边。所以真正能够不断靠近梦想、最终实现梦想的人总是极少数。

你是否也曾经像皮格马利翁那样，恳切地渴望某个东西，又持续不断地为之坚持呢？关于这个问题，我想到了一件事。

去年夏天，我的公公突然病重，在济州岛的一家医院里住了很长时间。那段时间里，我每个月都要跑过去看望他三四次。而我的丈夫干脆就住了过去，整日守在父亲身边。终于有一天，医生告诉我们公公的病好得差不多了，可以出院。但是就在那一天，他的病情突然恶化，重新住进了重症监护室。因为工作的关系，我不能立刻赶过去，我唯一能做的就是在首尔的家中为他真诚地祈祷。我在每天都会更新的艺术博客上写下了这件事，并恳请读者和我一起祝愿他早日康复。

公公生病已经两个月了。当我们从医生那里得知他可以出院

皮格马利翁与加拉泰亚
Pygmalion er Galatée
●
让·莱昂·杰罗姆
●
1890
布面油画
88.9 × 68.6cm
纽约大都会博物馆

时，突然又传来了他病情恶化的消息。看着公公饱受病痛的折磨，可以想象他的身心是多么备受煎熬。而家人心急如焚的样子，也让我心痛不已。平时有空的时候，我经常会去教会、教堂和寺庙等宗教场所。我相信不论什么宗教，只要给人类以祈祷的空间，便是值得感激的。

在很久之前，我看过一部名叫《我一生中最美好一周》的电影。在电影中，搭乘电车的男主人公林昌正鼓起勇气，对车上的乘客说：

"请大家抽出一秒，只要一秒，为我的妻子祈祷吧！"

我的丈夫之前一直生活在美国，与父亲相处的时间少之又少。如今，他在韩国与我组建了家庭，原本想好好尽尽孝心，却不料父亲突然病重。今天早上，我们开始祈祷。我也恳请各位，能够为我的公公，也就是我丈夫的父亲抽出一秒钟的时间祈祷，愿他早日康复。希望我和我的丈夫还可以为这位老人家多尽一些孝心，希望他长命百岁。

许多读者都留下了为公公祝福的文字。而不可思议的是，当天上午公公的病情就真的好转了。我怀着虔诚的信仰之心写下的祝愿，竟然幸运地成真了。

我相信，心诚则灵。只要祈祷的心足够诚恳，愿望就一定能实现。当你相信梦想时，你就会不知不觉做出与梦想相符的行动，并按照梦想的方式去生活。比如那些渴望成为歌手的人会不断练习唱歌，那些渴望成为作家的人会坚持写作，那些渴望成为棒球选手的少年会花费大量的时间训练，那些渴望成为顶级厨师的人会不断做同一道菜直到成功。如果你不对梦想抱以期待，又如何开始实现它呢？

当你感到压力缠身、心烦意乱时，请相信一切都会好起来。不管怎样，愿望成真的可能性都有 50%。与其以消极的心态看待未来，不如积极地展望。另外，你还可以念诵你的专属咒语。要相信，南瓜变马车、灰姑娘变白雪公主的神奇魔法同样可以降临在你身上。

今天，我也要为我的愿望而祈祷，并念出我的专属咒语：

170

“哔哔滴啵哔滴卟！”

活出属于你的色彩——亨利·马蒂斯

我不论在哪里都在探寻自我。
而我所追求的始终是表现性。

—

亨利·马蒂斯

在当今社会，“9”这个数字格外残酷。19 岁，意味着你必须参加竞争激烈的残酷高考。29 岁，意味着你必须成家立业、有所担当。

19 岁和 29 岁的残酷，我都已经经历过了。记得 19 岁的时候，看到全班 40 个人都在为了高考从早到晚拼命学习的时候，我第一次真切地感受到高考的残酷。如果这 40 个人里，有 10 个放弃考大学，有 20 个持无所谓的态度，只有 10 个在热衷于学习，那么我恐怕就不会感受那么强烈了，而是会想:“我该加入哪一个阵营呢？”

然而，我并没有什么选择的余地。真实的情况就是我们整个班的人，都在无比认真地为高考做准备。所有人都想进入重点大学，但一流大学的招生名额有限。每个人都要尽可能地踩着别人往上爬，才能到达自己的目的地。这番景象让我联想到了一部日本电影《大逃杀》（Battle Royale，2000）。在电影中，学生们相互残杀，只有最后的胜利者才能活下来。

到了 29 岁，我又体验到了另外一种残酷。

“你什么时候才决定结婚？”

“你有存款吗？结婚的钱准备够了吗？”

“结婚又不是我一个人说了算，还要看男方的想法嘛。”我一边在心里默默嘀咕，一边恨不得对这些人当场发飙。天知道为什么人们对于29岁的女人总是有那么多疑问。虽然我并不是一个随大流的人，但未能按照周围人眼中的标准去生活，还是或多或少给我带来了一些困扰。

不过，我始终相信，每个人都有自己的节奏。一只秃鹰不能像麻雀那样去飞行，那样它什么猎物也抓不到。一只麻雀也不能像老鹰那样去翱翔，那样只会让它频频掉落，什么食物也觅不到。更何况，我们人类是这个世界上最复杂、想法最多的动物。一百个人有一百个人的活法，一万个人有一万个人的生活节奏。努力配合别人的节奏并没有那么重要。重要的是，活出自己的节奏和色彩。

大学四年级的时候，我也曾经在就业这座大山前踌躇不前。当时，我渴望加入一些优秀的设计类公司。作为工艺设计系的学生，我对自己的手工水平颇有自信，而设计制作家具或日用品对我来说简直是再适合不过了。

要想加入这类公司，首先必须取得专业色彩资格证。要获得这个证书，需要通过笔试和操作考试。在操作考试环节，我们需要根据给出的题目进行色彩排列和构图表现。在准备考试的过程中，我深切感受到了色彩含义的丰富，以及不同色彩组合所带来的和谐美感。虽然这个证书并没有对我的就业产生实质性帮助，但那时的学习经历和对色彩的亲密接触至今都让我受益匪浅，尤其是在我上儿童美术课和美术治疗课的时候。

马蒂斯（Henri Matisse，1896—1954）被誉为“史上最伟大

戴帽子的女人

Femme au Chapeau

●

亨利·马蒂斯

●

1905

布面油画

80.7×59.7cm

美国圣弗朗西斯科现代美术馆

的色彩大师”。他不是那种只靠一种色彩偏好取胜的画家，而是擅长驾驭世界上所有的颜色，并懂得如何让它们看上去最美丽、最和谐。每当我看到右边这幅马蒂斯的作品，就会禁不住思考，属于我的人生色彩是什么颜色呢？

画面中的女性是马蒂斯的妻子。她的脸上充斥着各种各样的色彩。第一次看到这幅画的人，恐怕会大惊失色，认为孕妇不宜观看，甚至怀疑画中的主角——马蒂斯的妻子本人也对这件作品不甚满意。但作者本人马蒂斯却认为——“我并没有通过绘画来创造一个美丽的妻子，我只是在还原真实”。

马蒂斯第一次公开这件作品是在1905年的沙龙展示会上。当时，与马蒂斯一起参展的画家们的作品同样摆脱了传统绘画观念的束缚，以强烈的色彩给人以视觉冲击。

在当时的人们看来，这一批画家的作品实在太过粗犷奔放，其用色之大胆让人联想到了野兽，所以给他们冠上了“野兽派”（Fauvism）的称号。马蒂斯曾经说过，“我画蓝色不代表天空，我画绿色也不代表青草”。对他来说，色彩并非固定观念的传达，而是情感的率真流露。

看着马蒂斯的作品，我总是会联想到“青春”二字。也许是因为他笔下的形象与色彩，总是那么大胆不羁，就如同鲁莽的青春一般。

仔细想想，我这二十几年活得并不够青春。反而是到了三十岁之后，生活才变得大胆充实起来。在二十多岁的时候，我总有些瞻前顾后，一方面想要抓紧这段宝贵的青春时光，一方面又担心自己不能在三十岁之前有所成就，于是忐忐忑忑、小心翼翼，一不小心就让时间溜走了。

在伍迪·艾伦(Woody Allen)执导的电影《午夜巴黎》(Midnight in Paris) 中，男主人公乘坐一辆马车回到了过去。假如我也有机会搭上这样一辆马车，我希望自己可以回到 20 岁。我会向那些我默默喜欢的人告白，我会在那些渴望尝试又不敢尝试的领域大胆挑战，也会在那些希望重新开始的事情上毫不犹豫地重新开始。

写完上面这一段，我猛然发现“其实这些事情现在做也来得及呀！”当然，告白这件事除外，毕竟我已经结婚了。

在我周围，有不少接近 29 岁的后辈。他们和当年的我一样，时常是表面上若无其事，内心却痛苦得要命，今天还是兴高采烈，明天就失魂落魄，如此反反复复、折腾不休。作为过来人，我想对他们说：

在我二十九岁的时候，做过最不后悔的事情，就是和朋友一起尽兴玩耍。我们一起外出郊游，一起忘乎所以地打保龄球，一起在练歌房里尽情嘶吼，一起在半夜聚会打羽毛球，甚至突然兴起就结伴旅行……没错，最让我快乐的就是这些看似无意义的事情，而不是自己赚了多少钱、拿了多少证书。很多你以为会持续不断的快乐，往往出人意料地只属于那一个阶段。若早知道青春的快乐有限，我当时就会更加珍惜了。十几岁、二十几岁的青春，本就如彩虹般短暂，干脆就尽情地享受吧。

另外，我想补充一点。那就是不要盲目追寻别人的脚步，不要按照别人的方式去过自己的生活。也不要总是拿自己与周围的朋友比较。要相信，你所拥有的就是最好的，你的特质就是最独一无二的，你的才能也可以是最优秀的。宝贵而短暂的青春，即便你什么也不做也会悄然逝去，那么，何不活出自己的色彩来呢?

就让我们的人生色彩，如马蒂斯的作品般那样自由奔放吧!

如果有梦，那就向梦出发——保罗·高更

我闭上眼睛，是为了真正看见。

—

保罗·高更

1919 年，是第一次世界大战结束后的第二年。《月亮与六便士》（*The Moon and Six pence*）这部小说正是于此年问世，并引发轰动，作者毛姆也因此而成名。小说的主人公查尔斯·斯特里兰德是一名 40 多岁的中年男子，在伦敦股票交易所担任普通职员。某一天，他突然给妻子留下一封告别信，离开了巴黎。妻子以为他跟别的女人跑了，然而事实并非如此，他只是去学习画画了。查尔斯的原型不是别人，正是艺术家保罗·高更。

保罗·高更（Paul Gauguin，1848—1903）是一位半路出家的画家。他出生于巴黎，幼年即随家人移居秘鲁利玛。然而，在即将到达秘鲁的时候，他的父亲就因为心脏病而去世。其余的亲属带着高更在秘鲁的舅舅家里生活了几年，重新回到了法国爷爷的家里。高更的母亲靠做针线活为生。在 17 岁的时候，高更成为一名见习引航员，他先后去了南美洲、地中海、北极等许多地方。1872 年，他决定辞掉船员工作，回到巴黎在一家证券交易所任职。

1882 年，法国股票市场崩盘。证券交易所的命运也随之变得动荡不安。高更辞掉了工作，决心做一名专职画家。作为画家，

他的前途并不明朗。没有人看好他，妻子也不理解他。有一段时间里，他甚至与所有家人断绝了往来。但是他始终没有放弃自己的梦想。他与朋友梵高一起搬到了法国南部的小城市阿尔勒，共同生活、绘画。但不久之后，两人之间就发生了严重的冲突，梵高剪掉了自己的耳朵，他则去了布列塔尼，继续专注于绘画。

比起文明世界，热带原始地区对高更来说更具吸引力。1891年，他用自己卖作品换来的钱踏上了前往南太平洋小岛塔希提的旅程。

为了完成自己的梦想，高更毅然决然地放弃了家庭。作为一家之主，他可以说是相当不合格。但是，他对梦想的执着是令人感动的。他和别的画家不同，并非自幼学习绘画，而是在中年离开职场之后才开始执笔的。然而，他的绘画热情却比任何人都高。

在远离物质文明的塔希提岛上，他饱受穷困与孤独的煎熬，期间还遭遇了病痛的折磨，但他始终坚持着绘画。后来，他带着在塔希提期间创作的作品回到巴黎开画展，立刻吸引了众人的关注。作品中独具特色的原住民风貌与强烈色彩，给巴黎画坛带来了一股新风。在那之后，他的画家生涯有了起色，但也绝非一帆风顺。几经起伏，他始终没有后悔过自己当年的选择。

晚年，高更倾注了自己的所有心血，完成了人生中最重要的一幅作品——《我们从哪里来？我们是谁？我们要到哪里去？》。这幅画的长度足足达到了374.6厘米，整个画面可谓是人生喜怒哀乐与生活百态的浓缩。

这幅作品创作于高更最艰难的时期。当时，他贫困潦倒、病情恶化，女儿的突然去世更是差点让他选择自杀。在万分痛苦之下，他开始思考人生。而沉思之后的成果，就是这幅旷世杰作。

D'où Venons Nous
Que Sommes Nous
Où Allons Nous

我们从哪里来？我们是谁？我们要到哪里去？

D'où venons-nous?Que sommes-nous?Oùllons-nous?

保罗 · 高更

1897

布面油画

139.1 × 374.6cm

波士顿美术馆

如果我们从右至左观看这幅作品，可以发现最右边表现了象征生命初始的孩子，到中间又出现了象征生命成熟的摘果子的人。画面左边，我们可以看到一名塔希提岛上妇女的雕像，旁边站着的女子，正是高更的女儿阿尔林。也许，他是希望借用艺术的神奇力量，让死去的女儿重新复活吧。

接下来，画面中出现了一位愁眉苦脸、披着头巾的老人，看上去就像是正挣扎于生死边缘的高更本人。

这幅将人的出生、存在与必将来临的死亡逐一展现出来的作品，表达了高更对于生命的所有疑惑。在画面最右侧，有一只默默注视着一切的黑狗，同样让人联想到高更自己。

高更的人生正如这幅画作一般，包罗万象、五味杂陈。当他的画家生涯丝毫不见起色的时候，他的妻子和兄长曾经劝他放弃绘画重新回到工作岗位上。而他是这样回答的：

我知道，如果重新工作，每个月赚个 2000–4000 法郎，也就不会被人指指点点了。但是，那并不是我想要的生活。成为画家是我的天职，也是我唯一的出路。总有一天，孩子们会为有我这个父亲而骄傲。

这就是高更，一个为了梦想不顾一切的人。除了他之外，还有不少为了梦想而放弃稳定工作，并最终获得成功的人。他们的共同之处在于，大胆做出选择，并为自己的选择倾注全部的热情与努力。

也许，你也曾经有过“明天一定要离开这个公司”的想法。也许，你也曾经因为无法实现梦想而饱受煎熬。想一想高更吧，如果他没有毅然决然地离开证券交易所，最后又如何成为举世瞩目的画家呢？如果你也像他一样有真正渴望去实现的梦想，就勇敢地走自己的路吧。我们所欠缺的，不过是那一点点勇气。

几年之前，我参加了一次高中同学聚会。吃完饭之后，我们一行人来到了同学在新沙洞林荫大道创办的工作室。那是一间极为窄小的地下办公室。在打开房门的瞬间，我就惊呆了。只见整个房间，从地板到天花板，全都堆满了各式各样的箱包。这位同学一边领我们进门，一边笑着说道：

“我去年末开始和哥哥一起做皮包生意。现在才刚刚起步，不过一切都很顺利，以后一定会好起来的。”

说实话，当时我颇有些为他的前景担心。这个高中阶段只知道跳舞、大学期间就忙着演话剧的孩子，在就业形势最为惨淡的那一年，偏偏好运地进了一家大公司。这样的结局几乎是完美了，然而他有一天突然就辞职了，和哥哥一起去了美国学时尚设计。

在美国完成学业之后，他的哥哥先回韩国，在一家大公司做时尚策划。而他继续在洛杉矶和纽约学习了一阵，便回来做起了皮包生意。

事实证明，我的担心是多余的。如今，他的皮包公司已经成了著名品牌，也就是大家所熟知的 RAWROW。

RAWROW 品牌以简洁时尚著称，主要产品有皮包和皮鞋，品牌问世一年来就卖出了 35 亿韩币。这就是我身边活生生的例子。一个跟随内心的声音去寻找梦想，并最终摘得成功的果实的例子。这个例子告诉我们，梦想并非永远都那么遥不可及，只要你肯努力，它就会变成实实在在的现实。

在洛杉矶学习期间，他为了了解服装制作的方法和时尚产业的运作，在服装市场里打了很长时间的零工。虽然工资少得可怜，尽管每天的工作都是一些印染和打孔之类的杂活，他也丝毫不介意，始终充满热情地投入其中。眼看他在克服重重困难之后终于获得成功，我由衷地为他感到高兴。原来只要心怀梦想，哪怕周围再多冷眼，也终有实现的一天。

当我还在为了梦想踌躇不前时，身边的朋友已经用他们超强的行动力将梦想化为了现实。昨天还一起喝咖啡、聊人生的朋友，今天就成了诗人。长期关注环境问题的朋友，在世界级的环境艺术设计展上拔得头筹。他们的成功让我兴奋雀跃。我多希望像他们一样，成为别人眼中的榜样，用我的成功去点亮更多人内心的梦想之光。

所有正在为自己所热爱的事业奋斗的人们，所有走在与众不同的道路上的人们，所有在荒芜地带开辟新道路的人们，所有不顾冷眼嘲笑坚持朝着梦想奋进的人们，我向你们致以最高的敬意！

新的风景带来新的开始——古斯塔夫·克里姆特

我们并非在到达目的地的瞬间才会变得幸福，
而是因为在路上而幸福。

—

Andrew Matthews
安德鲁·马修斯

我们每个人都或多或少会伤春悲秋，而最能细致入微表达这种情绪的，莫过于风景画了。提到风景画，我首先想到的画家就是古斯塔夫·克里姆特（Gustav Klimt，1862—1918）。

比起克里姆特活跃于维也纳时期创作的名画《吻》（*Der Kuss*）、《生命之树》（*The Tree of Life*，*Stoclet Frieze*），我更喜欢他的晚年作品。

世纪末的奥地利维也纳，沉浸于一片堕落与享乐文化中，政治腐败与兴旺的色情业成为城市的新标签。按理说，这样的维也纳应该让克里姆特更着迷才对，毕竟他一向以热爱纸醉金迷、制造桃色绯闻著称。然而他似乎已经倦了，老了。他预感到自己时日无多，于是选择逃离喧嚣的维也纳，来到度假胜地阿特湖。这座位于奥地利西北部的湖泊，以宁静优美的景色吸引着欧洲各地的游人。在这里，克里姆特与灵魂伴侣艾米丽（Emilie Louis Floge）一起度过了人生最后的时光。

苹果树 1

Apfelbaum1

●

古斯塔夫 · 克里姆特

●

1912

布面油画

110 × 110cm

个人收藏

苹果树 2

Apfelbaum2

●

古斯塔夫·克里姆特

●

1916

布面油画

80 × 80cm

个人收藏

克里姆特一生留下了 200 多幅作品，其中四分之一都是风景画。他画过好几幅苹果树，其中就包括了两幅采用点画法完成的作品。在第一幅作品中，我们可以看到果实累累的苹果树下，盛开着一大片五彩缤纷的野花。当美景呈现在眼前时，克里姆特心里在想些什么呢？作为一个订单无数的商业画家，克里姆特自有一套成熟的艺术手法。但在描绘这些没有商业用途的风景画时，我想他应该是完全将既定的手法抛在了脑后。

一个画家采取不同以往的画风进行创作，通常有两种用意。一是渴望新的风景，二是渴望新的心情。

在画完第一棵苹果树后，时隔四年克里姆特又画了第二棵苹果树。比起第一幅色彩华丽的《苹果树》，我更喜欢色彩清淡的第二幅。从后者中，我感受到了晚年克里姆特对于人生的大彻大悟。他的人生正如这正四边形的画布，已经到达了完美收官的地步。

克里姆特时常在清晨乘坐小船在阿特湖中画画。他所描绘的阿特湖风景，几乎完全不带克里姆特风格，反而更像是某个印象派画家的作品。

在这幅作品中，我们同样找不到克里姆特标志性的浓墨重彩，取而代之的是淡雅与素净。也许，去掉华丽金箔之后的简单纯粹，才是克里姆特内在的真实表现吧？

画面中的阿特湖畔绿草如茵，湖面上一片平静。这样的风景，让我感受到了内心久违的平和。我自认是个性格比较极端的人。时而热情似火，时而冷若冰霜，时而敞开心扉毫无保留，时而固执得谁的话也不听……在我的字典里，似乎从来就找不到平静二字。所以，我总是很羡慕那些性格淡如流水的人。而这幅作品，似乎恰好让我那颗动荡不安的心找到了安放之处。

阿特湖边的城堡Ⅳ

Schloss Kammer am Attersee Ⅳ

●

古斯塔夫·克里姆特

●

1910

布面油画

110×110cm

再大的惊涛骇浪，放远了看也不过是水面上的小小涟漪。也许，我应该以一种更宏观的态度来看待生活的点滴，而不是沉浸于片刻间的喜怒哀乐里。

现在，让我们重新把视线拉回克里姆特。想象他与心爱的柏拉图恋人艾米丽一起漫步在这美丽的阿特湖边，登上一艘小船，尽情欣赏眼前如画的风景。他们不是合法夫妻，也不是公开恋人。但是，在后人眼里他们就是独一无二的神仙眷侣。

艾米丽是一位出色的时装设计师。她与朋友一起在维也纳经营着一家高级时装店。她的工作室是先锋艺术家的聚集地，同时也出售各种精美的饰品和化妆用品。克里姆特有不少衣服都是由艾米丽设计，艾米丽也会时不时穿上克里姆特为她设计的服装。由此可见，两人的关系可谓是非比寻常的亲密。

克里姆特并不是一个老实巴交的男人。他几乎和所有画过的模特上过床。但是，他与艾米丽的关系却是纯粹的柏拉图式精神恋爱。也许，这正是艾米丽得以牢牢抓住花心的克里姆特的秘诀吧？

如果没有离开熟悉的维也纳，克里姆特就不会创作出晚年那一批全新风格的艺术作品了。我们也需要时不时像他一样，暂时离开熟悉的地方，呼吸新鲜的空气，找到全新的自己。总是待在同一个地方，就不会有变化，也很难有进步。以华丽画风著称的克里姆特，也可以描绘出安静的阿特湖风景。这就是新环境的力量。新的想法带来新的行动，新的行动带来新的变化。

时不时看看画家笔下的世界吧，说不定可以唤醒我们内心的另外一个自己。时不时去看看新的风景吧，说不定就会有完全不一样的际遇。每年 1 月份的时候，我都会检查今年的工作计划，

阿特湖

Attersee

古斯塔夫·克里姆特

1900

布面油画

80.2 × 80.2cm

维也纳莱奥波特美术馆

确定休假时间，并告知所有工作伙伴。休假时间有长有短，有时候是三天，有时候是一个星期，也有时候是半个月。一旦定下时间，我就会开始预订飞机票和住宿。

除此之外，我还会买好关于目的地所在国家的介绍书籍，在出发之前仔细阅读。了解一个国家的文化与历史，可以使旅行变得充实而有意义。

不过，旅行并不意味着一定要去遥远的地方。如果你没钱出国，也可以就在周边旅行。去走一走熟悉小巷的另外一边，去逛一逛附近车站旁边的新店。如此简单的旅行，也可以让你从日常的枯燥烦琐中暂时解脱出来。

每到周末或小节假日，我就喜欢在首尔旅行。有时候是去光华门的教保文库看全世界最大的图书馆，有时候是到广场上与李舜臣将军与世宗大王对话，幻想自己此刻正漫步于几百年前的古城汉阳。有时候，我也会去德寿宫池塘边的长椅上，静静地坐着仰望天空。所谓旅行，并不一定是提着行李箱、拿着旅行手册、乘着飞机去某个地方。只要你今天出门时带了一颗旅行的心，去到哪里都是旅行。如果你感到疲惫，就带着旅行的心走出家门吧。不管是去德寿宫，还是去三清洞的美术馆，抑或是去教会修道院，都可以发现不一样的风景。

在我看来，旅行是这个世界上最有意义的事情。它让我们离开熟悉的地方，看到全新的风景，产生全新的想法，获得全新的力量。通过旅行，我们的日常生活变得更加富有活力。每一次的街头旅行、书店旅行、咖啡店旅行、公园旅行，都是滋养我们生命的维生素。今天，你将在哪里汲取生命所必需的维生素呢？

好奇心是创意的起点——莱昂纳多·达·芬奇

如果没有好奇心，就没有新的发现。
如果没有竞争，就没有新的机会。

–
Clarence Birdseye
克拉伦斯·伯宰

“好奇心对于艺术家来说，至关重要。”

这是莱昂纳多·达·芬奇（Leonardo da Vinci，1452–1519）曾经说过的一句话。如果要问谁是历史上最伟大的艺术家，我想很多人都会毫不犹豫地说出达·芬奇的名字。他既是画家，也是雕塑家，还是舞台设计师、武器制造学家、发明家，解剖学家、时尚设计师等等。他一生所从事的工作，恐怕是普通人的好几倍。

1452年，达·芬奇出生于意大利一个名叫芬奇的小镇。虽然他有一位贵为佛罗伦萨公证人的父亲，但碍于私生子的身份，他无法成为当时被视为理想职业的医生和药师，也无法上大学。于是，他从15岁开始就在安德雷亚·德尔·韦罗基奥（Andrea del Verrocchio）的工作室里学习美术。这是作为私生子相对比较理想的出路了。

据说当时的达·芬奇绘画技艺进步神速，很快就到了让师父

蒙娜丽莎

Mona Lisa

●

莱昂纳多·达·芬奇

●

1504

木板油画

77×53cm

巴黎卢浮宫美术馆

韦罗基奥自愧不如的地步。有一天，韦罗基奥让达·芬奇帮他完成一幅画中天使的部分。达·芬奇画完之后，韦罗基奥大为震惊，竟然从此之后不再画画转而专注于雕塑。当然，这段故事的真假很难判断，但毋庸置疑的是达·芬奇的的确确是一个绝世天才。他不仅擅长绘画，在科学、解剖学、发明学等领域也展现出了过人的才华。如果他活在今天，恐怕会成为比苹果 CEO 史蒂夫·乔布斯更了不起的人物。

达·芬奇一生留下了无数的文稿与速写。在他的手稿中，我们可以看到降落伞、汽车、自行车链条、飞机、潜水艇等许多当时根本无法想象的发明。只可惜，他所生活的时代，并没有足够的技术支持他将这些想象化为现实。人们认为，达·芬奇的思想至少比当时的社会超前了 500 年。

在达·芬奇看来，解剖学知识对于画家来说是必不可少的。他对动物和人体解剖进行了长期的深入研究。每次解剖，他都要忍受难闻的气味，仔细观察尸体的器官，再将它们一一描绘下来。正因为他如此刻苦努力，才会在描绘人物时那么得心应手，才会创作出精妙绝伦、充满神秘色彩的名作《蒙娜丽莎》。

那么，究竟是什么样的力量让达·芬奇成为举世闻名的天才创造家呢？在我看来，他的秘诀就是“好奇心”。他是一个好奇心十分旺盛的人。他也许前一分钟还在画画，后一分钟就对波涛的声音产生了兴趣；前一分钟还在发明机械，下一分钟又开始研究自然。他的内心深处，始终怀着对未知事物的强烈渴望。有的人认为达·芬奇的一生并不算成功，因为他虽然描绘出了许多发明，最终却并没能在有生之年实现。

但我不这么认为。因为一个人的成就并不是完全由最终成果

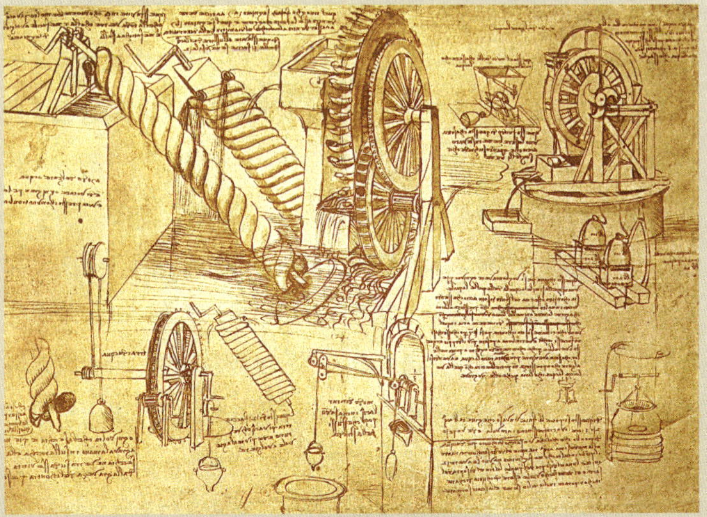

打水工具示意图

●

莱昂纳多·达·芬奇

●

1480—1482

米兰布罗西亚罗美术馆

来衡量。毕加索一生留下了超过5万张作品，其中包括1885幅绘画，1228座雕塑，2280件陶瓷，18095幅铜版画，6112幅石版画，3181幅漆画，149本速写本以及4659张速写。梵高一生留下了900多幅作品，如果再加上1100多幅速写，总数就超过2000幅了。但是，莱昂纳多一生留下的绘画作品，其数量还不到20幅。虽然他的作品少，他的影响力却丝毫不亚于毕加索和梵高。弗洛伊德曾经评价达·芬奇："在黑暗里，人们都在熟睡，他过早地醒来。这是天才的不幸，却是人类的大幸。"由此可见，达·芬奇是彻底超越时代的存在。

对于达·芬奇来说，没有什么不可能。他总是能将想象变成创意，又将创意变成画稿，给后世的艺术家和发明家带来无限启示。在世界历史的长河中，他是当之无愧的文艺复兴之星。

在刚开始从事美术教育的时候，我就对自己立下了两条规矩。第一是绝对不能对孩子说"不行"两个字，第二就是每天至少要找出孩子的一个优点进行表扬。我也经常对其他教师强调这两点，并坚持至今。

来到美术培训学校学习的孩子们，最常问的就是下面这几个问题：

"老师，我可以这样画吗？"

"老师，我可以在这里涂这个颜色吗？"

"老师，我可以用这个材料吗？"

可想而知，孩子们在日常生活中是受到了多少限制，才会不断问出这样的问题来。

"坐直了！""腰挺起来！""不许用左手画画！""好好

涂颜色！”“这里要涂均匀！”……而这些，就是我们最常听到的父母说的话。

绘画，是最有助于儿童形成个人意识的一种教育形式。如果放弃对孩子的限制，每一个孩子都有可能成为创意画家。美术不同于钢琴和跆拳道，它不需要你按照乐谱来弹奏音乐，也不需要你练习指定的动作，它没有规则，也没有标准答案。

绘画的力量，在于它的无限自由。不论你是孩子还是成年人，不论你是否有绘画基础，只要你有一双手，你就能创造出独属于你的绘画世界。

但在这个过程中，一旦受到来自外界的限制或干扰，自由表达就变得不再可能。当然，对于一些高年级的学生来说，适当地学习一些水彩画、写生画的技法是很有必要的。但总体而言，美术教育都是以自由创作和好奇心为出发点。欣赏达·芬奇留下的那些画稿，我们便可以发现他的作品与孩子的信手涂鸦有许多相似之处，只不过他画得更精致、更细腻。如果你是孩子的家长，或者是一名教育者，请一定要记得让孩子像达·芬奇那样，随时随地保持对这个世界的好奇心。

界限是一座自造的牢笼。达·芬奇在没有朋友的孤独岁月里，静静观察洞穴里的老鼠，继而产生了渴望飞翔的想法。虽然他并没有成功发明出飞机，但他画下了飞机的初始原型。他观察掉落的枫叶，继而产生了发明螺旋桨的想法。如果达·芬奇在每一个创意出现的瞬间，都告诉自己“这不行”，那么他的创意就永远无法化为行动与实践了。

作家杰克·伦敦（Jack London）曾经说过，创意不是等来的，而是找来的。在我看来，所谓的创意人才并非只指那些具有创意行为的人。只要你有一颗相信“一切皆有可能”的心，那你就是一个创意人。现在，就对你体内沉睡的创意细胞说：

“行动起来吧，没有什么不可能！”

小小的行动，带来巨大的成功——江益中

一步一个脚印地走吧。

这是我所知道的通向成功的唯一办法。

–

Michael Jordan

迈克尔·乔丹

不久前，我的公公因病住进了济州岛的韩罗医院。为了照顾他老人家，我和老公时常往来于首尔与医院之间。在医院的一楼大厅，我发现了一件有趣的艺术作品，那就是公共艺术家江益中创作的墙面装饰。每次看到它，我的心情都会变好一些。

江益中是一位出生于20世纪60年代的当代艺术家。他1984年毕业于弘益大学西洋画专业，随后前往纽约艺术学院继续深造。由于家境贫寒，他在留学期间必须为了生活费和学费拼命打工。当其他同学在兴致勃勃地开展各种艺术活动时，他却在食品店里兼职，或是在跳蚤市场卖衣服。

他原本怀揣着梦想来到纽约，却深陷在了物质贫乏的泥淖中，连好好画一幅作品的时间都没有。就这样，江益中在这座被视为当代艺术心脏的城市，从艺术家变成了一名打工仔。

但是突然有一天，他意识到自己不能再这样下去了。从他的住处到打工的跳蚤市场，每天坐车往返需要3个小时。为了充分

利用这段时间，他定制了一批可以随身携带的小油画框。这些长宽各为 3 英寸的正方形油画框，可以放在衣服口袋里，随时随地拿出来画画。于是，他开始在公车上作画，有时在画布上绣一些图案，有时也用圆珠笔作画。就这样，他在不知不觉间就创作了一大批袖珍画作。

人们将他这些巴掌大小的有趣作品称为“10 公分艺术”“三英寸绘画”。1997 年，美国惠特尼美术馆收藏了他的 6000 多幅袖珍绘画作品。这是继白南准之后，该美术馆收藏的第二个韩国人作品。在纽约，以艺术家身份自居的人成千上万。但其中真正能靠作品养活自己的人，实属不多。像江益中这样的外国人，要想在这里立足，更是难上加难。然而，他做到了。他不仅克服了经济上的困难，还让自己的作品被大型美术馆收藏，实在是相当了不起。

江益中曾经说过这样一段话：

“我希望成为一个全神贯注于创作的艺术家，在哪里展示、获得什么样的评价我并不那么关心。那些没有考试也依然学习的学生，那些没有展览也依然创作的艺术家，才是真正的学生和真正的艺术家。”

虽然他的创作动力只是迫于现实条件的无奈之举，但却意外地给人们带来了新鲜而充满趣味的艺术。而且，他的作品尺寸虽小，数量却十分惊人，聚少成多，就成了大型艺术作品。

有了名气之后，江益中的生活渐渐宽裕起来。他在纽约定居，结婚生子。如今，虽然他已经拥有了宽敞的大工作室，他依然钟情于描绘 3 英寸作品。他不断开展各种各样的艺术项目，最新的一个项目是关于贫困儿童的。他将 3 英寸画框寄到全世界各地的孤儿院和儿童福利机构，收集孩子们的作品并做成装饰作品。

我在济州岛韩罗医院所看到的作品是他在 2011 年收集济州岛儿童的画作制作而成的。在这全世界最小的画布上，凝聚了济州岛孩子们大大的梦想。他们将渴望的一切用绘画的形式表达出来，好比我们大人的“遗愿清单”。

一个生活在爱乐镇的小女孩，希望成为一名图书管理员。一位生活在汉林的小男孩，希望成为一名乐高设计师。如果你静下心来细细观看这些作品，就会发现每一个孩子的心愿都是那么纯真而可贵。我相信，由这些梦想汇聚而成的未来国度一定会非常美好。从江益中的作品里，我感受到了小小行动所创造的巨大奇迹。

几年前的一个夏天，我们培训中心也曾经带领孩子们完成了一个“江益中项目”。通过这次活动，我发现他们非常喜欢在小尺寸的画布上创作。也许是因为这种形式可以充分表达他们对梦想的憧憬吧？

比起举办个人展览，江益中更热衷于参加公共艺术项目。所谓公共艺术，就是在公共场合为大众所创作、致力于与大众产生交流的艺术作品。他曾经说过：“公共艺术作为一种温和的革命，具有重要意义。”公共艺术作品将希望带给所有人，比可售卖的艺术作品更能鼓舞人心。江益中有一个梦想，那就是在朝鲜半岛统一之前，将孩子们的画作放在临津江上，打造全世界第一座名为“梦之桥梁”的漂浮美术馆。对他来说，孩子们的作品才是核心，自己的作品只是点缀。到今天为止，他已经向全世界 149 个国家的儿童寄出 3 英寸画框，收集了超过 50 万张儿童绘画作品。他将这些小小的画作逐一粘贴在木板上，形成巨大无比的浮雕式展板，犹如打造了一座想象力博物馆。

江益中的成功，决不能简单地归结于幸运。因为他比任何人

希望之墙

●

江益中

●

2011

树枝，纸，丙烯

2.9 × 12m

韩国济州岛韩罗医院

都更努力。即便是在每天被打工所填满的贫困日子里，他依然坚持寻找可行的创作方式，并利用自己的困境创造出了全世界独一无二的艺术形式。所以，我们并不是要做好一切精神和物质上的准备才能去追求梦想。像江益中这样在艰苦条件下依然为了梦想而努力的人，同样可以成功。更何况，他将全世界孩子的梦想都记录在了作品上，如此美好的创意，不成功才奇怪呢！

现在的我也正通过一个个小小的行动向梦想出发。从 32 岁开始，我将只写给自己看的文字坚持放在博客上。不论别人说什么，不论内心有多少忐忑与羞涩，我都坚持将自己对艺术的感悟记录下来。对于通常从下午开始上班的我而言，上午的时间不是荒废过去就是睡懒觉，而自从开设了艺术博客，我每天上午都有了早起的动力。我开设了“早安！新的一天从艺术开始”专栏，为上班族推送与美术有关的温暖文字。另外，我还改掉了下班回家之后就打开电视的习惯，每天晚上都坐在电脑前写“下班路上一幅名画”系列连载。意想不到的是，我的粉丝人数越来越多，还登上了博客的首页推荐。如今，我的粉丝数已经达到了 3 万。

好好利用碎片时间，就可以将那些看似不起眼的行动积累起来变成了不起的成果，甚至还能得到意料之外的收获。就像我在开设博客之初，并没有立志成为作家，也并不期待任何人的欣赏，只是想要诚实地记录生活的一部分，并将行动转化为有意义的记录，不知不觉，最后竟然也汇集成了书。

“未来取决于我们此刻的行动。”甘地（Mahatma Gandhi）曾经说过这样一句话。没有人可以随随便便成功。

江益中凭借 3 英寸的小小画布，完成了举世瞩目的大型艺术作品。那么，你在今天为梦想所付出的小小行动是什么呢？

拥抱自己的脆弱与不完美——弗里达·卡罗

我并不是生病，而是残疾。
但只要还能画画，我就是幸福的。

_

弗里达·卡罗

人类可以无比强大，也可以无比脆弱。我希望带着那个全世界最软弱、最摇摆不定的“我”好好生活，希望爱上这个完整而不完美的“我”，更希望爱上此时此刻的“我”，而不是过去或者未来的“我”。这样的想法，让我联想到了一位画家，她就是墨西哥超现实主义女画家弗里达·卡罗（Frida Kahlo，1907—1954）。说实话，我并没有勇气仔细欣赏她的作品。关于写她这件事，我也是颇为踌躇。因为要理解她的生活，并不是一件容易的事。

弗里达的作品很悲伤，每次看到都会让我的内心像针扎一样疼痛。她以自画像而闻名，画法十分独特。她将自己痛苦曲折的生活毫无保留地展示出来，让观看者产生一种心惊肉跳的感觉，不是因为恐惧，而是因为心痛……

自画像中的她，总是让身体健康、四肢健全的我感到羞愧，并忍不住轻声对她说：

“你怎么了？你还好吗？你怎么会这样……”

折断的立柱

La Columna Rota

●

弗里达·卡罗

●

1944

布面油画

43 × 43cm

墨西哥图尔洛雷斯美术馆

弗里达与蒂亚戈·里维拉

Frieda y Diego Rivera

弗里达·卡罗

1931

布面油画

100 × 79cm

美国圣弗朗西斯科现代美术馆

画中的弗里达沉默不答，而我也只能为她悲伤地叹一口气。

这世界上，还有比弗里达活得更艰难的人吗？她六岁患上小儿麻痹症。十八岁因为一场交通事故，被钢管刺穿腹部和肋下。医生都说她没救了，她却奇迹般地活了下来。在那之后，她又惨遭未婚夫抛弃。

在经历所有这些磨难之后，弗里达选择将镜子贴在天花板上，画自画像。对于她来说，哪里还有什么未来和希望呢？换作是我，恐怕早就选择一死了之了。

但是，爱情拯救了弗里达。她爱上了壁画家蒂亚戈·里维拉（Diego Rivera）。他们相遇时，蒂亚戈已经四十岁，是四个孩子的父亲了。即便如此，年仅二十二岁的弗里达还是义无反顾地嫁给了他。结婚之后，他们依然生活在各自的家中。虽然弗里达渴望与蒂亚戈长相厮守，蒂亚戈却并不愿意被婚姻所束缚。

更荒唐的事情还在后面。弗里达唯一的朋友、她的妹妹克里斯蒂娜竟然与蒂亚戈私奔了。如此遭遇，可谓是闻者流泪。弗里达的人生，简直就是巨大伤痛的延续。从那之后，弗里达不再做一个贤良淑德的妻子。她开始与许多不同的人约会、做爱。最终，弗里达与蒂亚戈在结婚 13 年后协议离婚。

但弗里达曾经说过："即便他不再需要我，我依然爱他。"在她病情恶化之后，蒂亚戈重新回到了她的身边，两人复婚了。于是，弗里达与同一个男人结了两次婚。从此以后，两人再也没有分开。

弗里达的一生充满缺憾。她深爱的男人，爱的不止她一个。她渴望拥有一个孩子，却始终未能如愿。她曾经怀孕好几次，却全都流产。终其一生，她所拥有的，不过是满身伤痛与疾病罢了。

后来，她的身体状况不断恶化。1953 年，她不得不做了右腿截肢手术。1954 年，她临终时在日记本上写道：

“我希望这次的离开是幸福的，而且再也不用回来。”

弗里达的一生充满痛苦与折磨。写下与她有关的文字，让我感到愧疚。愧疚的是我并不能真正对她的痛苦感同身受。

然而，弗里达从来没有自暴自弃过，她将苦痛转化为了艺术的能量。她的自画像仿佛在向我们说：

生而为人，光是照顾好自己这个角色已经相当不容易。所有人都在坚持努力生活。像我这样的人都坚持下来了，你还有什么理由不努力呢？

蒂亚戈・里维拉在弗里达去世不到 1 年，又与别的女人结婚了。如果他是我的朋友，我肯定会给他一记耳光。在弗里达去世 3 年后，蒂亚戈也因脑溢血去世。我多希望他们在天堂不要再次相遇，就让弗里达在新的世界，带着健康的躯体，与别的男人幸福地生活在一起吧。如果有机会，我还想对她说：“你这一辈子受的苦太多了。”我想，她应该会这样回答：

“你也带着自己软弱的那部分，好好生活吧。”

就让我们像弗里达一样，带着自己的软弱好好生活下去。要记得，我们最强大的力量，就植根于我们的内心。

CHAPTER-4

美术即是人生

Degas

离开是一场漫长的告别

人类的情感，
在离别与分手之时最为纯粹闪亮。

—
Jean Paul
让·保罗

相爱的理由有千万种，分手的理由却大致相同。分手这件事，从来都不可能像银行取款那样简单干脆。分手之后的日日夜夜，都是痛苦与纠结的反复。

不管这个世界运转速度有多快，不管快餐式的爱情多么流行，我都希望离别更像是一场慢动作。

不久前，天气开始转冷，好几个朋友都与恋人分手了。那些前不久还信誓旦旦地说要结婚、沉浸在幸福中的人，突然就分开了。作为旁观者的我，都不免伤感一场。

爱情就像过山车，让你瞬间冲入云霄，又飞快跌入谷底。被抛弃的人，总是站在分别的路口，痴痴地等待，久久不肯离去。这再正常不过了。收拾爱情的残局哪有那么简单？毕竟是在一起吃过几百次饭、喝过几百次咖啡的人，怎么可能轻易忘记呢？

在格温·约翰（Gwen John，1876—1939）的作品中，几乎见不到笑逐颜开的女子。她们总是独自凝视着某个地方，看上去

自画像

Self-Portrait

●

格温・约翰

●

1902

布面油画

44.8 × 34.9cm

伦敦泰特美术馆

那么悲伤。我想，她们是在等待着某个人的到来。而格温·约翰自己的人生，就与这些画上的女子颇为相似。

提到著名雕塑家罗丹（Auguste Rodin）的爱情经历，人们首先想到的都是他的学生卡密留·科罗戴尔。然而，事实上罗丹还有另外的情人，那就是本篇的主角格温·约翰。

格温·约翰从20世纪初开始学习绘画，同时兼职做其他画家的模特。在给罗丹当模特之后，他们相爱了。但由于罗丹的身边始终有一个如妻子般不离不弃的罗斯·宝莱尔（Rose Beuret），她与罗丹的爱情就如同罗丹与卡密留的爱情一样，只能如同昙花一现。

在与罗丹分手之后，卡密留陷入了严重的抑郁情绪之中，在精神病医院一住就是30年。格温·约翰的命运也很悲惨，她在与罗丹纠缠10年之后，终于彻底分手，不久之后便离开了人世。在去世之前，她成为一名虔诚的罗马天主教信徒，与世隔绝地生活在教会之中，独自绘画。1939年的一天，她在教会医院孤独死去。

格温·约翰爱上罗丹的时候，罗丹已经60岁，而她年仅20多岁。汹涌而来的爱情毁掉了她的人生，实在令人扼腕叹息。她唯一的支持者，就是弟弟奥古斯特·约翰（Augustus John）了。奥古斯特对她的绘画实力十分赞赏，并坚信50年后人们一定会记得他是格温·约翰的弟弟。在她临死之前，奥古斯特为她在伦敦举办了画展。

格温·约翰一生给罗丹写了2000多封信。任何一篇信的内容，都可以让我们感受到她对罗丹刻骨铭心的爱。

尊敬的老师：

我在迷雾中感到无比幸福。分别的时候，您说的那句“你懂我的意思吗？”，让我觉得自己像是在做梦。对于我来说，老师就是全部。您是我的爱，我的财产，我的家人，我的所有。希望我这么说，不会给您造成负担。

我不管再怎么妒火中烧、再怎么绝望颤抖，都不会再愤怒。也许是爱情，让我变得卑微而温柔。

格温·约翰

她的爱情，即便在离别之时，也只不过是一个人与孤独的战斗。我们中又有多少人，试过一生中如此长时间地、卑微地去爱一个人呢?

我总是希望自己可以更爱自己一些。我也多想对格温·约翰说：“忘记罗丹吧，多爱自己一些。”

所有失去爱情的人，不要伤心，不要难过。这一切并不是自己的错。我们不需要自责，也不必因此而失去自信。总有一天，我们会遇到新的爱情。现在，这世界上只不过是少了一个不适合你们的人而已……

快餐式的爱情固然新鲜刺激。但离别并不能像相爱那样，汹涌而来，匆匆而去。所有为离别而憔悴的人们，所有在离别后依然为对方牵肠挂肚的人们，所有将离别变成一场慢动作的人们，你们并没有错。今夜，就让我们一起捡拾旧日爱情的碎片。

抱着猫的少女

Girl with a cat

●

格温·约翰

●

1918—1922

布面油画

33.7 × 26.7cm

纽约大都会美术馆

将小梦想连接起来，构成人生的大梦想

长时间描绘梦想的人，最终会实现梦想。

—

André Malraux

安德烈·马尔罗

在韩国，有一个叫作《黄金渔场》的综艺节目。主持人姜虎东经常在节目最后向参赛选手问同样一个问题：

“你的梦想是什么？”

歌手金建模是这样回答的：

“我的梦想是飞上太空。我知道它不能实现，但我仍然愿意在心中为它保留一个位置，带着这个美好的心愿生活下去。”

他的这番话，让我开始重新思考梦想的界限。是的，每个人的梦想都不同，每个人的梦想都在变。对于六岁的小侄子而言，拥有 24 色的彩色蜡笔套装是梦想。对于青春期的少女来说，暗恋的男生喜欢上自己是梦想。对于高考生来说，考出一个好成绩是梦想。对于参加选秀节目的歌手来说，站上总决赛的舞台是梦想。对于大学应届毕业生来说，找到一个好工作是梦想。

梦想每天都在生长，在变化，时而更加丰满，时而更加细腻，时而又变得遥不可及。不管梦想是大是小，是近是远，是崇高或平凡，只要它存在，就是一种美好。但如果你想让梦想成为现实，

静物

Nature morte

●

保罗·塞尚

●

1894

布面油画

73 × 92.4cm

美国宾夕法尼亚凡斯收藏馆

就一定不能忘记与之相随的必需品——行动。

“我要用一个苹果震撼所有的巴黎人。”

曾经有一名画家喊出如此奇特的口号。他擅长画静物画，尤其对苹果情有独钟。由于他对苹果的研究过于专注，常常在作品还未完成之前，苹果就已经腐烂了。曾经有一段时间，他除了苹果什么也不画。散落的苹果、并排的苹果、放在篮子里的苹果、掉在地上的苹果……在他的绘画里，苹果并不总是新鲜可口的样子，有时候甚至令人作呕。更费解的是，他画的桌子也总是凹凸不平，让人差点以为是初学者的拙作。

这位将苹果画到极致的画家，就是保罗·塞尚（Paul Cézanne，1839—1906）。他的梦想，曾一度遭到人们的讥讽嘲笑。

他从不画圣母玛利亚和耶稣，也不画贵族肖像，甚至连风景画也没什么兴趣，就这样一个画家，竟然号称要“用一只苹果给人震撼！”说实话，要是我生活在那个年代，听到这番话也会忍不住笑出声来。然而，他竟然真的将自己的梦想变成了现实。

文艺复兴以后的画家，致力于通过透视和明暗技法表现物体的立体感。塞尚却对这一套并不感兴趣，始终坚持用色彩来表现立体感。他相信，只要充分掌握了蓝色与红色的特性，就能用色块来表达立体感。在经过长时间的探索与研究之后，塞尚得出了关于物体本质结构与形象的独特理论——“自然界所有形态的基础是圆柱体、圆锥体和球体”。他的理论对立体派和抽象派画家产生了深远影响，而他笔下的苹果也成了现代美术的开端标志。

同为法国画家的莫里斯·丹尼斯（Maurice Denis，1870—1930）对塞尚十分崇敬，曾创作了一幅名为《向塞尚致敬》的作品。克劳德·莫奈（Claude Monet）、皮埃尔·雷诺阿（Pierre

（上）果盘，玻璃杯与苹果

Compotier, verre et pommes

●

保罗·塞尚

●

1879—1880

布面油画

46 × 55cm

纽约现代美术馆

（下）向塞尚致敬

Hommage à Cézanne

●

莫里斯·丹尼斯

●

1900

布面油画

180 × 240cm

巴黎奥赛美术馆

Auguste Renoir）以及马蒂斯，同样对塞尚钦佩不已。以毕加索为代表的立体派，更是将塞尚视为开山鼻祖。

在塞尚的作品中，凹凸不平的桌面水平线事实上是他精心观察之后的刻意描绘。他相信，我们的眼睛在观察物体的时候并不总是将水平线看成水平的。而他之所以将苹果描绘成仿佛要掉下桌面的样子，是为了表现从不同视角观察事物的特殊理念。

这个世界上有三个特殊的苹果。第一个在夏娃手中，第二个掉在了牛顿的头上，第三个就在塞尚的笔下。即便过去一百年一千年，人们对这三个苹果的讨论还是会继续下去。这位敢于说出梦想、实践梦想的画家，最终将苹果变成了一种象征。

我是一个有过很多梦想的人。虽然这些梦想有的改变，有的消失，有的改头换面，但我从来没有一天不放胆做梦。如今回过头看，在遇到自己真正热爱的事业之前，我曾经做过的那些工作不过是在打工赚钱。直到二十五岁，我才确定自己愿意付出一生去学习的领域是什么，真正渴望实现的梦想是什么。

我曾经在一家艺术教育机构工作了一年零六个月。这个地方为我打开了新世界的大门。当时，我的工作是创意教育项目研究，即将自己研究的创意教学方案用于教学实践。我的同事有学电影戏剧的，有学声乐的，有学作曲的，有学设计的，还有学国画的，大家以各自不同的专业视角展开交流，常常使我获益良多。

然而，当我热情专注地工作了 6 个月之后，公司的经营状况突然陷入困境。原来的投资方突然无法继续提供资金，所有正在开展的教育项目都陷入停滞，就连我们员工的工资也无法按时发放。我在没有工资的情况下又坚持了 3 个月，直到自己的存款也所剩无几。为了省钱，我开始不吃午饭。为了不让父母和朋友担心，我还得装出一副若无其事的样子。现在想来，那段日子还真是异常艰难。

同事们一个个离职，最后只剩下了包括我在内的三个人。终于有一天，我鼓起勇气向家人坦白了一切。原本以为他们会立刻让我辞职，没想到却收到了意外的回答：

“这种事总会碰到一两次，你就当是积累经验吧。午饭钱以后妈妈给你，或者在家做了你带去吃也行。既然你这么喜欢这份工作，那就再坚持一会儿吧。”

那一刻，我对父母无限感激。面对好不容易从事喜欢的工作、却拿不到工资的女儿，他们没有任何责备与埋怨，只是用行动表示了对我梦想的支持。虽然那段日子里，我的银行卡里连 100 块钱都没有，在街上买杯咖啡都变得比较奢侈，但我知道我离梦想越来越近。

为了生活，我在下班之后继续做美术家教、兼职夜班，还攒下了读研的学费。虽然如此艰辛，但在那家公司所学习到的教育方法和项目经历，却对我今天的事业产生了莫大的帮助。从这段往事中，我学到的一点人生经验就是：只要有梦想，就一定能从现实的困境中走出来。没有钱并不让我羞愧，放弃梦想才会让我羞愧终生。

不少参加工作一段时间的学弟学妹，都对我说过这样的话：

“真羡慕你可以一边做自己喜欢的事情一边赚钱。我也想做自己喜欢的事情，但是现实条件不允许啊。”

当然，现实的困境对于任何人来说都存在。我几乎没有见过谁是认为自己没有现实阻碍的。既然如此，就不要奢望一边追求梦想、一边过舒服的日子。希望实现梦想，就要认清困难，唯有忍耐和努力才是出路。

这个世界上没有谁能一夜之间成功。正如塞尚画了无数个苹果才获得肯定，我们也应该为了心中的一个个小小梦想坚持行动下去，将梦想的拼图一点一点连接起来，构建美好的未来画卷。小小的梦想聚集起来，就是人生的大梦想。

梦想意味着承诺。梦想意味着坚持。梦想如星辰，闪闪发光。梦想如积分卡，需要一点点积累。梦想又是动力，支持我们向前奔跑。

今晚的夜空，群星闪耀。那些如星辰般的梦想，你们还好吗？希望你们一直发光下去，直到我们一步步靠近……

走在时间后面的女人

宽容、善良与爱心，
是让人变得更美的无声力量。

—
Blaise Pascal
布莱斯·帕斯卡

二十九岁那年，我曾经陪一位朋友去听一个励志作家的讲座。虽然我并没有读过那本书，对作者也一无所知，但我光是听到“讲座”两个字就两眼放光了。于是，我带着满满的期待来到了讲座现场。在讲座开始前，我去了一趟卫生间，不小心撞到了一位看上去十分邋遢的女性。

“不好意思。”

“看着点走路行不行！”

事实上，是她自己把开门的方向弄反了才会和我撞上，但出于礼貌我还是率先道歉了，没想到她的态度竟然如此恶劣。我心里颇有些不痛快，但觉得没必要和一个陌生人计较，便默默回到了讲座现场。几分钟之后，即将演讲的作家进入了会场。她来到放满自己著作的桌前，与工作人员沟通。我定睛一看，这不就是刚刚在卫生间撞上的那个女人吗？她似乎也发现了我，眼神里掠过一丝慌张，又迅速地将目光从位于最前排的我身上移开了。很快，讲座开始了。她讲了自己颇为辛苦的青春岁月，又讲了写那本书的契机。但显然，她说什么我都听不进去，内心对她的好感度早已为零。

我想，除了在卫生间那场意外事件之外，这位作家邋遢的外表也是我对她印象不佳的重要原因。在我看来，一位年过三十、有出书资格的人，至少应该懂得如何管理自己的形象。虽然她在自己的书里不断强调外貌也是一种能力、坚持自我管理有多么重要，却在新书发布会如此重要的场合，穿了一双脏兮兮的运动鞋，胡乱扎了一个马尾，仿佛刚刚从大学的通宵自习室熬夜归来。如果她说自己是一位诗人，我的失望恐怕会少一些。但她在自己的书里，大讲特讲的却是如何在三十岁变成一个光芒闪耀的女人。

另外让我很不舒服的一点是，她始终避开我的目光。如果她敢于跟我目光对视，或者大方地说一句“刚才不好意思”，我肯定会爽快地释怀，回答她：“没关系，谁都有犯错的时候，不过您性格真是直率呀。”但她直到讲座结束、签名开始，都始终装作没见过我。

原本带着满满的期待来到讲座现场，不想却收获了意料之外的感悟。千万不要当一个不懂得道歉的成年人。出门在外也一定要注意形象，衣服鞋子不一定非要买名牌，但求干净整洁。这位既不懂礼貌也不懂打扮的励志作家，可谓是一个极好的反面教材。虽然我还是在现场买了她的书，但回到家再也没有翻看过。

生活中，难免会碰到一些不想与之成为同类的人。每当看到他们，我就会告诫自己千万不能和他们一样。反面教材的教育效果往往比正面教材更好，因为它们总是让人印象深刻。

我希望自己不要成为那种吝啬称赞与感谢的人，也不要总是

香奈儿肖像

Femmes au chien

●

玛丽·洛朗桑

●

1923

布面油画

92 × 73cm

巴黎橘园美术馆

自我感觉良好。我也不希望自己成为那种以过去为荣的女人。她们把自己曾经拥有的美貌、荣耀或其他种种挂在嘴边，避而不谈自己的今天，殊不知这样更加显露出她们的落魄与缺乏自信。

有人曾经说，人生就像一管卷筒纸。一开始总觉得怎么也用不完，用着用着却发现不够用了。时光无情，我希望自己可以从容不迫地走在时间的后面。

我希望在与生命共处的时间里，始终保持谦和与优雅，将人生变成一场慢节奏的影片。

从法国女画家玛丽·洛朗桑（Marie Laurencin，1885—1956）的作品中，我感受到了一种缓慢的时光流动感。她的作品一看就知道是出自女性之手，每一幅都充满了女性特有的细腻与柔美。

几年前，我去过一次法国巴黎。比起卢浮宫，我更喜欢法国橘园美术馆和奥赛美术馆。在橘园美术馆里，我第一次亲眼看到了玛丽·洛朗桑为好朋友香奈儿所画的《香奈儿肖像》。比起书本和网络上的图片，原作的色彩更丰富，也更加朦胧唯美。在这幅画里，香奈儿并没有戴着当时流行的宽檐帽，而是选择了一顶看上去十分普通，但与自身气质相当符合的帽子。她的眼睛乌黑而深邃，透着莫名的忧伤。身上的不对称式蓝色连衣裙，透出浓浓的香奈儿设计风味。

据说香奈儿本人并不十分喜欢这幅画。也许，是因为香奈儿希望画作中的自己看上去更强韧有力一些；也许，是她不愿意人们从画作中发现她不为人知的忧伤一面吧？

事实上，香奈儿在自己的初恋去世之后，曾经患上抑郁症，很长时间里闭门不出。如果拿这张画与香奈儿的照片比较，就会

抱着狗的女人

Women with a Dog

●

玛丽·洛朗桑

●

1925

布面油画

80×100cm

法国巴黎橘园美术馆

发现相似度非常高，只不过真人的五官更深邃一些。不论怎么说，这幅肖像画因为主角是可可·香奈儿，而成了一张珍贵的收藏品。

我们再来看看玛丽·洛朗桑的另外一幅作品《抱着狗的女人》。画面中的两个女人与狗在一起，看上去就像是神话中的女神。靠前一些的女人，看上去高傲冷漠，似乎在等待着什么。

从她的衣着和光着的双脚可以推测，这是一名芭蕾舞演员。她所在的是什么地方呢？从左边的窗帘来看，这个地方似乎是演出舞台。

我时常觉得，生命就像是一场持续不断的舞台演出。看着画面中这两个在舞台上表情淡定的女子，我感受到了一种内心的平静与坚强。

在生活中，我们时而会遇到恼火的事情，时而会遇到无法理解的事情，有时候甚至会对别人生出厌恶之心，有时候甚至会忍不住说几句脏话。这些事情回过头看都不算大事，但身在其中的时候却难免焦灼难耐、坐立不安。要想像画面中这两个女子一样始终保持温和与淡定，着实不易。

玛丽·洛朗桑出生于法国巴黎。作为一名私生女，她只能跟随母亲东躲西藏、小心翼翼地生活。母亲希望她成为教师，但她热爱美术，视画家爱德华·马奈（Edouard Manet）为偶像，并成功考入了温瓦勒绘画研究所。在那里，她遇到了画家布拉克（Georges Braque），并在布拉克的支持鼓励下完成了一大批作品。

布拉克与毕加索同为立体主义的创始者，在他的引荐下，玛丽·洛朗桑与毕加索、马蒂斯都成了朋友。不久之后，她还与诗人纪尧姆·阿波利奈尔（Guillaume Apollinaire）成为恋人。当时，法国正掀起立体主义的热潮，各种新的艺术革新此起彼伏。

玛丽·洛朗桑虽然对毕加索的立体主义和马蒂斯的野兽派十分欣赏，却并没有加入其中任何一方，而是坚持自己的风格。

“所谓风格，即展示了我是谁，我想说什么，至于别人怎么评价它，并不那么重要。”

美国小说家、剧作家戈尔·维达尔（Gore Vidal）曾经说过这样一句话。正如他所言，风格是作者个性的展示。在玛丽·洛朗桑的作品中，我们可以充分感受到她浓烈的个性色彩。

我们可以在玛丽·洛朗桑的自画像中感受她年轻时代的风采。她算不上漂亮，眼神中却透着一股骄傲。这种溢于言表的自信，也许是源于她丝毫不逊于众多男性画家的绘画实力吧。

进入三十岁以后，我的外表与内心都变得更加成熟。但我希望自己始终保持一颗年轻的心。哪怕偶尔会因为小事而烦恼，哪怕会在别人大步流星向前迈进时继续自己平淡无奇的小生活。三十岁这样的年纪，如果丢掉年轻人的冲劲，便会变得对任何事都漠不关心，如果冲劲太足，又会难免忽略生活中的情趣与美好。所以，我希望一方面继续保持年轻的心态，一方面修炼得更加优雅淡定，珍惜周围美好的一切，接受所有好与不好的经历，就这样平静地迎接我的四十岁。

我不喜欢木兰花。它们盛开时华丽无比，凋谢之后却残破不堪。当你仰望它时，它是女王。当你俯视它时，它又成了乞丐。这样的特性，让我联想到那些迟暮美人。她们年轻时是人人艳羡的对象，年老之后却无法与沧桑共处，继而变得面目可憎。但愿我不要成为木兰花这样的女人，即便不是最华丽的那朵花也无所谓。

每个人都渴望年轻。每个人都渴望拥有更多的时间。但是年老自有其益处，那就是有得以从年轻时强烈的紧迫感中解脱出来。

如果我今年20岁，就肯定不会说出这样的话。因为年轻的我要急着走进这个世界，要证明自己，为了生活而奋力拼搏。那时候的我，不可能像现在这样坐在瑞士的一颗苹果树下悠然乘凉。所以，我从来没有那种渴望自己永远年轻的想法。

——《奥黛丽·赫本》，梅丽莎·西尔斯顿著

这是著名女演员奥黛丽·赫本曾经说过的一段话。正如她所言，她并没有紧拽着年轻不放，而是选择在岁月中优雅老去，将晚年献给了公益事业。香奈儿、玛丽·洛朗桑、奥黛丽·赫本，这三个女人虽然在不同的领域从事不同的事业，却有一个共同点，那就是为了自己热爱的事业而努力，而不是为了别人而活。回顾她们的人生，香奈儿曾经死死隐瞒自己的过去，洛朗桑曾经抛弃自己的诗人男友，赫本亦对自己不喜欢的东西断然拒绝。她们绝不是只拥有善良与纯真的女人。

我多希望自己像她们一样，一边做着自己热爱的事情，一边与岁月和平共处，既不在岁月中徘徊，也不紧追逝去的种种。但愿我像玛丽·洛朗桑画中的女人一样，拥有优雅和自己独特的风格，充满风度地老去。

今天的努力，只为换来明天的美好

人生就像一本书。
愚蠢的人将它丢在一边，
而聪明的人将它仔细翻看。
因为聪明的人知道，
人生这本书只能读一次。

–
Jean Paul
让·保罗

学生时代，我有一个好朋友叫J。她成绩很好，每次考试都是第一名。我们一起玩耍，一起闯祸，但老师从来不会批评她，对此我很是羡慕。J上课的时候很认真，从来不打瞌睡。但她对学习用具一点也不在乎，总是随便捡起一支笔就开始写字。相比之下，虽然我的笔筒里总是装满了各种颜色的圆珠笔，学习起来却总是马马虎虎。

当时，我的梦想是考上美术大学，当一名美术老师。这个梦想主要基于我的一个幻想：如果能考上美术大学，就再也不需要学习了。有一天，我问J的梦想是什么，J告诉我她暂时还没有梦想，所以才会那么认真地学习。因为只有学习成绩够好，才有选择梦想的权利。在当时的我看来，她的想法实在是太神奇了。怎么会有人因为没有梦想而努力呢？

在大家都为了梦想而学习的时候，J 因为没有梦想而学习。如今，她成了首尔大学医院的一名护士，前不久刚休完产假重新回到工作岗位。

小时候每次听到大人叫我学习，内心都会涌起一阵反感，因为我根本不知道自己为什么要努力。而看着 J 的人生，我似乎明白了努力学习的意义所在。如果我们要判断一个人的生命质量，那么学生时代的标准就是在校表现和成绩，结婚之后的标准就是家庭幸福程度，有孩子之后的标准就是育儿质量，在职场上的标准就是工作表现。我在每一个阶段的表现，决定了我的生命质量高低。这一点，我明白得太晚了。

我们每个人所拥有的时间都是有限的，所以如何让自己的生命更充实、质量更高，就显得至关重要。事实上，仅仅是完成日复一日的平凡生活，都需要我们不断去练习和提高。若是想要完成更高的目标，就自然需要花费更多的时间精力了。

在画家中，就有一位很晚才开始投入精力追求梦想的人，他的名字叫作亨利·卢梭（Henri Rousseau，1844—1910）。1889 年，巴黎举办了万国博览会。卢梭为了纪念这场盛大的节日，将当时的景象描绘下来，还写下了名为《1889 万国博览会见闻》的剧本。

让我们来看看这幅作品。在法国的塞纳河边，站着一名画家。他就是卢梭本人。他的背后有一艘挂着万国国旗的船只，远处是著名的埃菲尔铁塔。十分有趣的一点是，卢梭将自己画得特别高大，看上去甚是伟岸自信。他似乎希望通过这种方式告诉世人，他渴望成为最成功、最伟大的画家。最终，他的心愿变成了现实。但当我们把结果抛开只看过程，就会发现他的成功绝非轻松而来。

亨利·卢梭很晚才走上绘画之路。虽然当时人们都嘲笑他的

我自己：自画像与风景

Moi-même:Portrait-paysage

●

亨利·卢梭

●

1890

布面油画

113×146cm

布拉格国立美术馆

画风古怪，但他并不在乎，始终坚持自己的风格并勤奋作画。当时的巴黎正处于现代艺术兴起的热潮中，人们兴奋地谈论马蒂斯、毕加索和各种新登场的艺术风格。而当时的卢梭，只不过是一个从未正规学习过美术，只有高中文凭、在税务机关上班的普通职员。

他从事公务员的工作，直到40岁才突然决定成为画家。他周一到周五照常上班，只有周末才有时间作画，所以又被称为“周末画家”。到49岁那年，他毅然决然辞掉了20多年的工作，正式开始向职业画家的梦想发起冲击。

卢梭没有正式学过画画，所以他的作品透视和比例都很有问题，画面上的物体好像是一个个拼凑上去的，看上去十分怪异。一开始，周围的画家总是趁他不在的时候嘲笑他。但他并没有因此而改变风格，反而坚持了下去，最终因为这种独一无二的风格而受到关注。他的作品曾经给超现实主义画家带来灵感，甚至连毕加索都曾经买过他的作品。

卢梭的人生，让我们不禁重新思考才华的定义。有的人从未发现自己的才华，就这样匆匆过完一生；有的人可能很晚才发现自己的才华，在人生的收官阶段意外成名。有的人运气好，轻松过上了好日子。还有的人运气没那么好，至今仍为了寻找自我而不断努力。有的人已经了解自己，正在朝着既定的方向前进。还有的人刚刚从挫折中醒悟过来，正在奋勇直追……

我们每个人都有属于自己的才华，没有必要和其他任何人比较。但明知如此，我们往往还是免不了落入攀比的陷阱。比较让我们忍不住羡慕别人、模仿别人，继而失去了自己。但如亨利·卢

梦

Le Rêve

●

亨利·卢梭

●

1910

布面油画

204.5 × 298.5cm

纽约现代美术馆

梭这样大器晚成的人，他们都有同样一个特点，那就是坚持自己。他们为了寻找到属于自己的才能，甘于付出无数次的尝试和努力。

很少有人是生来就才华横溢的。大部分人都是在生活中逐渐磨炼出了属于自己的才华。即便我们现在才能平庸，即便我们离自己所向往的状态还很遥远，但只要我们坚持下去、勇于探索，就一定会离真正的自己越来越近。

我时不时会和自己玩“寻找才华”的游戏。每当我感到自己技不如人的时候，我就会通过这个游戏重新获得自信心。

比如，我会要求自己从日常生活中寻找一些浪漫、探索一些画家的故事、将同一首歌反复听一百遍、一边看电视一边打扫卫生、在超市与大妈闲聊、一天给别人一次表扬、在摇摇晃晃的巴士里做笔记、利用时间碎片写博客……这些技能都不难，却能成为我的力量源泉。亨利・卢梭中年时才发现自己的才能所在。他的故事告诉我们才能绝不仅仅是指天赋，更是努力的产物。亨利・卢梭只是一个普通人，但他凭借坚持不断的努力创造了不普通的奇迹。

“我们都是这个时代最好的画家。只不过你是埃及风格的，我是现代风格的。”

毕加索曾经如此称赞卢梭。相信即便是毕加索这样最伟大的画家，也从卢梭纯粹原始的绘画风格中感受到了他的不平凡。他的画法，是任何人都无法模仿和超越的。

正如我之前所说的，命运并不会轻易将我们所渴望的东西送到手中。人生中大部分的可喜成果，都是靠努力而来。如果你未经努力就取得了成功，那你必定是无比幸运，或者托了他人的福，应该格外感恩与珍惜才是。

我们都是平凡的蜗牛。有时候会走得很慢，有时候会显得愚笨。当你觉得自己缺少力量的时候，想一想亨利·卢梭吧。只要你现在努力，你的明天一定会更加美好。

无数次修改换来的美丽画作

挑战让人生充满趣味。
克服挑战让人生充满意义。

—
Joshua J.Marine
约书亚·J·麦因

美术类大学里有很多专业。油画、版画、雕塑、视觉设计、工业设计、金属设计、木艺设计、陶艺、工艺、美术教育等等。在高三选专业的时候，我毫不犹豫地选择了工艺设计。虽然我也很希望自己可以全情投入绘画的世界，但我深知自己并不是最擅长绘画的那类人。

在竞争激烈的美术高考班里，我们每个人都从早到晚不知疲倦地画画。然而即便大家学习时间相同、学习内容相同，也总有一些人画出来的东西更有感觉。我们心里都清楚，绘画专业是留给他们那样的人的。

从那个时候开始，我就意识到成为画家是另外一些人的天职，而我的天职是从事与美术相关的其他事业。比如艺术设计、艺术指导，或者是我如今从事的美术教育。

当然，我对绘画的热情从来没有消退。我带着这股热情学习美术史，也因此考上了美术史研究生，但绘画天赋对我来说，依旧如天上星辰般遥不可及。

在绘画之外，比如设计和工艺专业，同样会设置绘画课程。每次上油画课或丙烯画课的时候，我都会想：要是我的人生也像这画布一样，可以一而再、再而三地修改完善该多好啊！

水彩画是一种不适合涂改的绘画。一旦颜色叠加的次数多了，画纸就会变得污浊甚至残破。所以，比起水彩画我更喜欢油画和丙烯画。当然了，油画和丙烯画也并不总是越修改越好看，偶尔也会有改得失败的时候。但即便如此，可以尽兴修改这一点依然是让人感到十分痛快。就算不够好看，也没有留下遗憾。

“希望我以后的人生就像一幅反复修改后的丙烯画。虽然它未必是最美好的，但它包含了我努力尝试的痕迹。”

每次画画的时候，我都会这样想。

通常来说，一个好的画家总是知道什么时候应该涂改，什么时候应该停下来。我们现在欣赏的这幅美丽而富有质感的作品，就是画家经过无数次涂改后所完成的。这位画家名叫爱德华·爱金森·霍纳（Edward Atkinson Hornel，1864—1933）。在他的作品中，我看到了反复修改所带来的无穷魅力。

在《迎春》这幅作品中，有4位少女。她们在森林中愉快地玩耍，尽情欣赏着周围的美丽花朵，还时不时用手摘下一些。花与少女，可以说是全世界最和谐的搭配。虽然整幅画的质感厚重，但少女的笑容看上去十分轻松，整个环境的氛围也格外柔美，让人心醉不已。

几年前，我在英国近代绘画展上亲眼看到了这幅作品。当时，我就折服于作者对绘画肌理的精妙掌握。虽然整个画面的厚度几乎达到了1厘米，但丝毫不让人觉得沉重压抑。作者仿佛在画布

迎春

Spring's Awakening

●

爱德华·爱金森·霍纳

●

1900

布面油画

44 × 34cm

英国贝利美术馆

上和面般完成了创作，就连那些厚实颜料的裂缝似乎都透露出几分功力。让我们再看看他的另外一幅作品《夏日的田园诗》。

画面中，三位脸颊红润的少女悠然地趴在草地上。远处的水面上依稀漂浮着几朵睡莲。作者似乎对草丛有一种偏爱，时常在作品中描绘绿意盎然的草丛。而对于那个年纪的女孩来说，躲在草丛中玩耍似乎是一种天性。通过题目我们可以得知，这是初夏时节的场景。不知道你有没有通过画面感受到从春到夏的季节变换？最左边少女的赤脚，让人更清楚地感受到了夏天的到来。

爱德华·爱金森·霍纳是一位苏格兰画家。虽然他出生于奥地利，但生命中大部分的时间都是在苏格兰度过。1893—1894年，他受到画商的赞助前往日本写生旅行，从中获得了许多灵感，画风也因此巨变。他在结束日本之旅后说：

> 与欧洲美术相比，日本美术毫不逊色，甚至于所有欧洲人所倡导的新美术技法中，都可以感受到日本美术的痕迹。如今众多欧洲画家如饥似渴地探索日本艺术大师的创作手法，恰恰可以旁证这一点。

霍纳在日本旅行之后，画了许多身着传统服装的日本艺伎以及日本街道上的传统商店。从他笔下的欧洲少女身上，我们也能或多或少感受到日本人偶般可爱乖巧的气质。

霍纳的人生如他的画作一般，也是经过了多番变迁。他出生于奥地利，成长于苏格兰，后来又在日本迎来了人生的奇妙转机。希望我的人生也如他的画作，拥有许多试错和犯错的机会。

我最初的梦想是成为公立学校的美术老师。要达成这个梦想，我必须经过激烈的竞争考入美术大学教育学院，完成3年的研究生学习，并取得中级教师资格证书。

就这样，我好不容易考上了研究生，获得了去公立学校实习的机会。在为期一个月的实习里，我一边教课，一边向前辈老师们虚心学习。但随着实习期结束，我非但没有感觉自己离梦想更近，反而对梦想产生了怀疑。

在实习期间，我肚子一直不太舒服。有一天，我趁午饭时间独自到校门外买咖啡，不想却因此惹怒了校长。还有一天，我穿着紧身裤去学校上课，又招来了批评。诸如此类的事情多了，我的自信心和积极心都严重受挫。虽然与孩子们在一起的时间很快乐，但是我除了上课之外，还要处理堆积如山的文件。原来，作为公立学校的教师，需要完成的烦琐事务远比想象中多得多。我开始意识到，这个梦想也许并不适合我。

这件事让我非常焦虑。毕竟我已经花费了几年时间来准备教师资格考试，买了成堆的书，还花钱报了不少网络课程。一想到所有这些精力和财力的投入，我就开始犹豫是否要真的放弃。最终，我还是在实习期结束后的第二天，将所有的考试资料和网络听课券送给了同学和后辈。就这样，我开始了新的寻梦之旅。

如今，我一边在各个企业开展名画课程，一边进行美术史教育，同时还做儿童美术培训。如此时间安排灵活、以传播美术知识为己任的工作，仿佛才是我命中注定要做的事。

在开始的时候，我心里也是颇有些不安的。毕竟在国家的教育体制内当老师是我长久以来的梦想，而如今所进行的私人美术培训简直与之背道而驰，我甚至怀疑自己是否践踏了梦想。

但在我看到爱德华·爱金森·霍纳的作品之后，我找到了答

夏日的田园诗

A Summer idyll

●

爱德华·爱金森·霍纳

●

1908

布面油画

126×151cm

英国奥尔德姆美术馆

案。我并非是在践踏梦想，而是在修正梦想。一遍又一遍的修改，让我的梦想愈发充实，从而才有了我今天的人生。

人生总是有修正的无限可能。但我们也不能随随便便地去修改。所谓修改，并非是让人生变得沉重混浊，而是增加人生的坚实度与密度。

在颜料完全干燥之前，如果只顾着尽情挥洒，只会毁掉一幅画。所以，修改的时候要用小笔冷静仔细地描绘。

这句话出自 1885 年文森特·梵高写给弟弟提奥的书信。

正如梵高所言，我们在修正人生的时候一定要比平时更冷静、更小心一些，才能使人生这幅作品更加完善。

空白的纸张和画布有更多发挥的空间，我们的人生也一样。如果你面对新的挑战犹豫不决，那就在人生的画布前，假设自己即将开始一幅全新的创作吧。勇敢地在现有的生活上，描绘出你新的梦想！

所有的幸福都来之不易

神并不要求我们成功，
只要求我们努力。

—

Mother Teresa
修女特蕾莎

1925年，莫奈彻底失明。早在一战之前，他就因白内障而视力大减。随着年岁渐增，他的视力越来越差，到1923年八十多岁的时候，他的情况已经严重恶化。经过好几次手术，他才勉强恢复了一点视力。《玫瑰花开的家园》这幅作品正是在那个时期完成的。

让我们来仔细看看这幅作品吧。你能想象得出，年迈的莫奈正是凭借一双几乎什么也看不到的眼睛，描绘出那一朵朵美丽的玫瑰吗？在花田的前面，还有一片淡紫色的鸢尾花。在花田的后面，有一片蓝色的房子，上面还有窗子呢。

几年前，这幅作品曾经在韩国展览。当时，我带着一群学生去了展览现场。当我问孩子们看到这幅画有什么想法时，他们的回答不外乎如此：

"看上去好像是一片花田，可是还是不知道画的是什么。"

"为什么这幅画也会成为名画呀？虽然它是莫奈画的，但我觉得我也能画出来啊。”

小孩子果然心直口快。他们的话并没有错，这幅作品看上去的确有失水准。于是，我将莫奈创作这幅画时的情况告诉了他们。听完之后，孩子们全都一脸震惊与感动，简直对作品另眼相看。对待同一幅画作的态度可以转换得如此之快，这一点简直十分有趣。

这世界上，每个人都有不为人知的伤病与疼痛。但有的人，就是可以克服伤痛，甚至将伤痛转化为力量。雷诺阿曾经说过：“这世界上丑陋的东西已经太多了，我只想描绘那些美好的。”他一生留下了许多美丽的作品，晚年因为关节炎无法执笔，只能将笔绑在手上作画。有色彩魔法师美誉的马蒂斯，在七十岁的时候身体状况恶化，无法再进行油画创作，干脆利用剪刀和彩纸开辟了创作的新领域。还有六岁患上小儿麻痹、十八岁因车祸而受重伤的弗里达·卡罗，曾在医院卧床不起长达 9 个月，最终依然克服了身体的残缺成为举世瞩目的优秀女画家。

人生中所经历的苦痛与磨难是幸福的发酵剂。在这个世界上，很少有什么人是未经痛苦磨砺而轻易成功的。而我们之所以对苦痛与磨难感到恐惧，往往是因为不知道其究竟会延续多长时间。

如果有人告诉我们，“你这个月比较辛苦，下个月就会好起来”或者“你会在十九岁的时候经历一次磨难，在二十七岁的时候经历第二次磨难，在三十八岁的时候经历第三次磨难”，那么我们便不会觉得那么恐惧了。只要我们确切知道了苦痛来临的时间与期限，便会有勇气去克服暂时的困难，并依然对明天充满希望。但即便是算命先生，也没办法告诉我们苦难的确切截止时间。

玫瑰花开的家园

La maison dans les roses

●

克劳德·莫奈

●

1925

布面油画

92.3 × 73.3cm

马德里提森美术馆

所以，我们才会彷徨。许许多多的画家也曾经历过彷徨的阶段。几乎没有哪一个画家是从一开始就明确了自己的风格，并且义无反顾地坚持下去的。他们总是在彷徨与困惑中寻找属于自己的风格，一旦找到便坚持下去，而当这种风格陷入形式主义的僵局时，又继续寻找新的风格。我们可以说，一个画家所毁掉的画作有多少，他作品的质感就有多厚重。

我也曾经经历过那种看不到未来的彷徨。在大学毕业之后，我足足当了 6 个月的待业青年才找到工作。在这 6 个月时间里，我投了无数份简历，却都石沉大海。人文和理科专业的毕业生找工作很容易，美术专业的毕业生找工作却很难。当其他专业的学生早早开始准备各种英语资格证书和职业资格证书时，我们美术专业的学生却如井底之蛙般成天待在工作室里进行与就业毫不相干的美术创作。

如今回过头看，那时候的我就像无头苍蝇一般。在我寄出大约 100 封求职信后，总算有一个教育机构向我寄出了合格通知书。我将全部热情投入到了这份工作里，并感受到了无与伦比的充实与幸福。但就业成功并不代表万事大吉，生活就是苦难的不断延续。随着公司经营陷入困境，我的工资没了着落，1 年之后成了一个地地道道的穷人。虽然钱绝不是生命中最重要的东西，但没有钱对一个人的摧残有多么严重，我在那段时间里有了深刻感受。

贫穷让我的内心也变得贫乏枯萎。那个时候，如果周围有哪个朋友进了好公司，我甚至都无法给出真心的祝福。在我万般绝望的时候，公司老板给了我们一线希望——“X 月开始你们就有工资了”。一想到只要撑到那个月就有工资了，我便觉得再多的辛苦也是值得的。

任何痛苦与彷徨，只要有一个可预见的终结点，便不会让人感到那么辛苦。如果你目前所遭遇的困境有一个具体的终结时间点，那就最好不过了。如果没有，那么你就最好为自己设定一个终结时间点，而不是盲目地在黑暗中等待。

“我不论如何一定要撑过这个月。”

如果你这样告诉自己，那么接下来的这个月就不会那么难挨。很多时候，只要下定这样的决心，事情往往会在这个时间范围内得到解决，或者往好的方向发展。战胜一段可预见终点的苦难，显然要比战胜无穷无尽的苦难容易得多。也许，苦难并没有终点，我们只能在它每次降临的时候学习如何更好地克服它。

当出乎意料的痛苦与彷徨迎面而来时，我们还要记得提醒自己，并不是独自一人面对。每个人都有感到辛苦的时候，我们并不特殊。看看你的周围吧，每个人都有属于自己的痛苦，只是并不是人人都会将它们挂在嘴边。

我有一个朋友 A。她工作非常忙碌，以至于没有时间谈婚论嫁。有一天，她告诉我她开始焦虑失眠了。“难道我就要这样孤独终老了吗？”每天当她睡在床上，这样的想法便扑面而来。另外一位朋友 H，正为了工作苦恼。她对目前的工作既不是特别喜欢，也不是特别厌恶，现在也不知道该不该继续做下去了。

她们的苦恼和我们此时此刻的苦恼相比，是更大，还是更小呢？也许更小也未可知，但可以确定的是她们和我一样处于苦恼之中。遇到无数的困难，再想尽办法解决困难，这就是我们平凡人的平凡人生。当然，还有一些属于人类的大困难，远比我们个人的小挫折严重得多。但对我们来说，眼前正在遭遇的困难才是最可怕的。

“各位，如果我当年没有被苹果公司解雇，就不会有今天的成就。所以，当你们突然被生活摆了一道时，千万不要失去信心。”

这是乔布斯在斯坦福大学毕业典礼上做演讲时曾经说过的一句话。是的，生活经常在我们毫无防备的时候摆我们一道。活到今天，我就从来没有见过生活在意外来临之前给过任何警告。活着，就是不断迎接突如其来的生活难题。如果你此刻正因解不开的生活难题而苦恼，不妨想一想乔布斯说过的话，想一想莫奈笔下的玫瑰花园吧。

世界上没有一幅画是轻轻松松完成的。对于莫奈来说，失去视力的痛苦使作品焕发出更闪耀的光芒。请相信，你的痛苦与彷徨也终会成为明日成功故事的一部分。

我决定做一个 Chic 的人

与其约定长远，不如当场拒绝。

–

丹麦格言

“干吗，这可不是你的作风啊。”

“我的作风是怎样？”

如果你看到这段话笑出声来，那一定是和我一样看着 20 世纪 90 年代的青春偶像剧长大的。

虽然我还不算老，但随着年岁增加，就越来越渴望活出自己。我开始不想做那些不愿意做的事情，也不想勉强与不感兴趣的人交往。与此同时，我强烈地渴望与自己喜欢的人在一起，聊一些喜欢的话题，看一些喜欢的东西，做一些喜欢的事情，如此度过我的一生。

要想达成这个愿望，就要学会删除生活中那些不必要的部分，并减少不必要的社交。在我看来，具备这种能力的人就是“Chic 的人”。不知道什么时候开始，“Chic”这个词成了流行语。它的解释可以是潇洒的，有风格的，时尚的。它一开始只是一个时尚圈术语，现在却成了我们日常生活中的常用词。

好莱坞电影和美剧中经常都有一些十分 Chic 的职业女性。她们做着自己喜欢的事情，并且获得了成功。她们懂得追求，更懂得拒绝，每一次的拒绝都那么漂亮干脆。

但现实生活中，要当一个 Chic 的人并没那么容易。因为这世界上无法拒绝的事情实在是太多了。比如当不太熟的朋友发来婚礼邀请时，比如当同事在你并不太方便的时候请求帮助时。

作为一个尽可能不麻烦别人的人，我每次看到那些擅长请求别人帮助的人都十分困惑。看着他们笑容满面、若无其事地向别人提出各种非分请求，我简直恨不得上去抽他们一顿——当然，我也只能想想而已。

我是一个很不擅长拒绝的人。虽然现在已经改掉了许多，但这个毛病依然给我带来不少麻烦。我曾经忍受一个喜欢麻烦别人的前辈好几年，最后终于爆发，向对方发了一通火。

现在想来，我真应该对那个前辈说声对不起。我从一开始就没有直接表达过我的不情愿，又怎么能要求别人理解我的难处呢？而我那次长时间沉默之后的爆发，估计给她造成了不小的伤害。这样的事情，便是在人际关系中不懂拒绝而造成的消极后果。

对于那些喜欢拒绝请求的人，人们不会对他们抱有希望。一旦他们偶尔答应一个请求，人们反而会喜出望外。而那些一开始就不懂得拒绝请求的人呢，人们会对他们的付出感到理所当然。要是有一天他们突然拒绝请求，人们就会大感失望。说到底，懂得拒绝往往比一味接受要好得多。

在拒绝的时候，你不需要解释太多，只要鼓足勇气并保持微笑就好。事实上，对方并不会像你想象的那样大受打击。对于没有拒绝经验的人来说，将拒绝的话说出口并不容易，但只要多加练习，就一定能成功。即便我们不能一夜之间改变，也可以渐渐变得强硬起来。

面对所有的请求不加选择地接受，只会让自己疲惫不堪。有时适当地为自己设定一些界限，拒绝一些不合理的请求，反而有助于培养健康的人际关系。在这个过程中，我们要保持包容与理解之心。如果请求帮助的人正处于生死攸关的时刻，或者态度格外诚恳，我们最好还是尽可能满足他们的请求。但如果你与对方只是泛泛之交，且其请求只是随口说说，那么你坦率地告知对方自己有更重要的事情要做，对双方都好。要是你不情愿地答应下来，到时候又摆出一副不高兴的面孔，或者在应该表现积极的场合一个劲地玩手机，那对对方来说反而是一种伤害。

看到皮埃特·蒙德里安（Piet Mondrian，1872—1944）的树木系列，我感受到一种与潇洒拒绝别人的时候同样的心情。画是一种可以随心所欲来观看的艺术，而其中最自由开放的应该就是抽象画了。

蒙德里安一开始画的树木十分繁复，后来渐渐变得纯粹简洁。看着他的绘画风格演变，我联想到了自己从一开始不懂拒绝到懂得拒绝的心路历程。（当然，我对于干脆拒绝这件事还没有完全熟练掌握。）虽然一开始那些复杂的树木枝条也十分美丽，但它们逐渐演化成简约色彩和线条的过程，亦有另一番魅力。看着这些作品，你有没有感受到简约所蕴含的美好？

蒙德里安曾经说过这样的话：

“我绘画中的水平线与竖线表现了不受任何约束的自然原貌。”

他的绘画，一开始并不是这样的。

蒙德里安的父亲是一名小学校长兼画家。受父亲的影响，他从小就开始画画，二十岁的时候考入了荷兰阿姆斯特丹美术学院。

傍晚：红色的树

Avond:De rode boom

●

皮埃特·蒙德里安

●

1908–1910

布面油画

70×99cm

荷兰海格市立美术馆

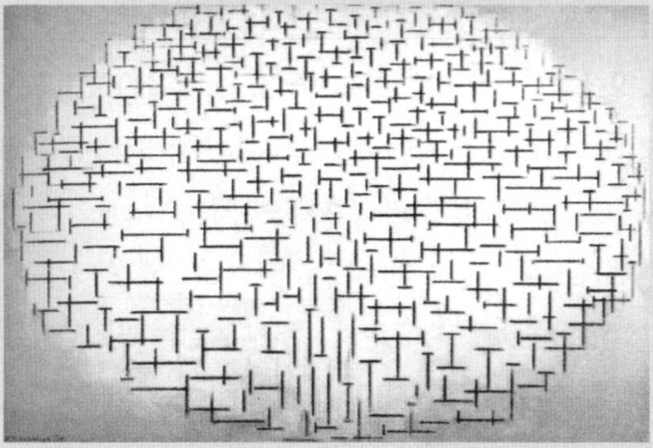

（上）灰色的树

Bloeiende appelboom

皮埃特·蒙德里安

1911

布面油画

79.7 × 109.1cm

荷兰海格市立美术馆

（下）黑色与白色的构成之十（码头与太阳）

Compositie 10 in zwart wit Pier en Ocean

皮埃特·蒙德里安

1915

布面油画

荷兰奥泰特·克雷罗·莫罗美术馆

一开始，他主要画风景画和静物画。随着20世纪初照相机的问世，他开始思考如何摆脱将事物照实描绘的写实绘画，用自己的方式去描绘照相机所无法拍摄到的人类内在世界。他希望将绘画尽可能地单纯化，并表现出自然的秩序与事物的本质。在经过长时间的尝试与探索之后，他确立了一种极度简约，只采用红、黄、蓝等基本色及最简单的直线来构成的绘画风格。

如果一个人因为我的拒绝而指责、离开或是埋怨我，这只能说明他本不应该是我结交的对象。聪明地拒绝那些可以拒绝的事情，接受那些真心愿意接受的帮助请求，只有这样，才能创造出一种如蒙德里安的绘画般简单纯粹、接近本质的人际关系。

现在的我已经明白，拒绝并非人际关系的礁石，而是更好人生的助力。我越来越少出现在那些不愿意出现的场合，越来越少去做那些不愿意去做的事。我们要做Chic的人，但不要做Cynical（刻薄）的人。也就是说，拒绝的时候要做到礼貌而不刻薄。也许第一次很难，但第二次、第三次就容易多了。Chic也是需要一步一个脚印去练习提升的。等你练习到位了，你的人生就会像蒙德里安的绘画般简约美好。

红色，黄色与蓝色的构成

Compositie met rood, geel en blauw

●

皮埃特·蒙德里安

●

1937—1942

布面油画

72.5 × 69cm

伦敦泰特美术馆

人生也需要减肥

如果想要幸福，就不要和他人过分亲密。

–

Albert Camus

阿尔贝·加缪

乔治·莫兰迪（Giorgio Morandi，1890—1964）是一位很特别的意大利画家。大部分画家都喜欢为了寻找新的灵感而四处游历，而他却终其一生蜗居在一座意大利小城，从不外出旅行。对于画家来说相当于必修课的观展，他也并不感兴趣。他甚至没有一个像样的工作室。当他的画家朋友在画风景、肖像和各种静物的时候，他却只顾着摆弄家里的瓶瓶罐罐，并把它们画下来。对于生活过得如此单调乏味的他来说，这些排列整齐的瓶瓶罐罐究竟意味着什么呢？

他的作品透着孤独与简洁，让人几乎感受不到任何年代的气息。

看着那些被他反反复复画过无数次的瓶瓶罐罐，我不禁产生一种奇妙的想法——也许生活的范围并不需要那么宽广，生活的必需品也并不如我们想象的那么多。我们应该对现在所拥有的一切再探索得深入一些，对手头上的东西再珍惜一些，对身边的人

静物

Natura morta

乔治・莫兰迪

1957

布面油画

30 × 35cm

瑞士福拜詹尼修美术馆

再多关心一点。

乔治·莫兰迪是一个怕热闹的人。他一生中大部分的时间都是在故乡波洛尼亚度过。他在一所美术学院教了一辈子版画，除此之外几乎没有别的经历。在他波澜不惊的人生里，唯一算得上大事的，可能就是曾经因为反德地下斗争而短暂入狱。总的来说，他的生活与很多画家相比都显得太过平淡。他没有办过什么大型展览，总是将作品以低廉的价格卖给周围人。所以，他的作品以私人收藏居多。

《绘画与影子》的作者金慧丽曾经在书中这样评价莫兰迪："他是一位研究出几百万种瓶瓶罐罐摆放方法的画家。"而我希望评价他是："善于细微而深入观察日常生活的画家。"他作品中那些排列有序的瓶瓶罐罐，不知为何总是让我想起学生时代的团体照，或者是合唱团表演。

莫兰迪终生未婚，一直与姐妹生活在一起。唯一陪伴他的，就是狭小工作室中那满满的瓶瓶罐罐了。他每天观看它们，抚摸它们，反复对它们进行排列组合，然后将它们移到画布上，如此日复一日。他的故事，让我开始重新思考专注的意义。

如今，喧哗与缭乱几乎成为我们生活的主旋律。即便我们待在家里，也总是看着电视，玩着游戏，操作各种手机业务。当然，科技改变生活并不是一件坏事。如果有人让我选是生活在喧闹的现代还是回到安静的古代，我恐怕还是会选择前者。不过，碎片化的日常生活似乎让我们渐渐离自己更远了。很多时候，我忙于参加一些无意义和非必要的社交活动，并没有从中真正得到快乐。这一方面是因为我不擅拒绝的性格，一方面也是因为我随性而为的生活态度。随着年龄增长，我越来越清楚地意识到过度的人际交往只不过是在消耗自己的精力，继而开始专注于发展深入的关系。

我们去参加一些不好意思拒绝的聚会，在喧哗的闹市区找一家人满为患的餐厅，谈论着与我们毫不相干的演艺圈八卦，就此消磨光阴。有时候，这样的聚会也会让人释放压力，心情舒畅。但更多的时候，它带给我们的只是疲惫与空虚。

每次参加完这种聚会回家，我便觉得自己的生活超重了。它就像一个身材臃肿的胖子，过量的盐分与脂肪摄取让它能量过剩，大量的速食快餐又让它胆固醇过高。我感到生活也到了需要减肥的时候。我必须与那些不必要的约会、过度热闹的生活说再见了。

于是，我发明了一套属于自己的“生活减肥法”，将精力投入到那些需要深入探索的领域，只保持必要的人际往来，只与喜欢的人展开深层次的交流。这种方法，一方面需要我减少不必要的社交，另一方面也要求我对自己所热爱的领域更为专注。

通过“生活减肥法”，我可以将富余的时间投入到一些更有意思的活动中，比如收集某种喜欢的物件、坚持进行某种锻炼等。不论是收集邮票也好，热衷滑雪也好，热爱藏书与玩偶也好，只要你坚持在某一个领域深入研究并投入大量的时间精力，就会感受到生命与时间更深层次的意义，并体验到专注所带来的美好。如此一来，你就会更加主动地从其他不必要的时间浪费中解脱出来，完成新一轮的“生活减肥”。

在名人中，也有一些擅长“生活减肥法”的人物。其中最具代表性的莫过于英国物理学家、数学家、天文学家、牛顿力学和微积分学的创始人艾萨克·牛顿（Isaac Newton）了。他在剑桥大学上学期间，欧洲突然爆发黑死病瘟疫，于是他不得不中断学业回到乡下2年。正是在这一时期，他通过长时间的观察与思考，发现了万有引力定律。

“我并没有什么特殊的方法，只不过是喜欢对某个东西进行长时间的深入思考罢了。”

牛顿曾经说过这样一句话。如果我们像他一样告别日常生活的散漫，对某个领域展开持续而深入的研究，那么也一定能感受到生命的变化。

除了瓶罐之外别无他物，却自有一番简洁的美感。这就是乔治·莫兰迪作品的魅力。虽然他与我们生活在不同的时代，却似乎深谙“生活减肥法”之道。看着他那些经过深入观察与专注描绘而成的绘画，我联想到了质朴无华的韩国粉青瓷器，还有中国传统水墨画中的留白。他的作品提醒我，生命需要更多的深度投入与专注。

风景、人物、静物、宗教……在这诸多绘画题材中，我最喜欢静物画。因为静物画可以让原本看上去平淡无奇的素材变得意义非凡。通过一张小小的静物画，我们甚至可以学到如何去爱。

所谓爱，就是将一个人、一件事物赋予意义。

所谓爱，就是将一个人、一件事物记在心里。

所谓爱，就是始终专注而不曾厌倦的真心。

通过乔治·莫兰迪的绘画，我们可以充分感受到这种爱的分量。不论对于热恋期的情侣还是交往许久的恋人来说，不断学习如何去爱都是必不可少的功课。

乔治·莫兰迪的绘画，让我意识到生活也需要将减肥运动进行到底。减少生活中那些不必要的部分吧。臃肿的生活与臃肿的身材一样，都是百害而无一利。

任何时候都可以重新开始

这个世界上没有伟人。
只有站起来迎接伟大挑战的普通人。

–
William Frederick Halsey
威廉·弗雷德里克·哈尔西

安娜·玛丽·罗伯森（Anna Mary Robertson，1860—1961）是美国家喻户晓的画家，人们喜欢亲切地称她为摩西奶奶（Grandma Moses）。她在75岁高龄才开始画画（也有说法是从78岁开始，但这并不重要，毕竟从七十几岁开始重新学习一样新事物本身就足够了不起），一直活到了101岁，留下了许多朴素温馨的绘画作品。

看着摩西奶奶的画，我们会产生一种感觉，那就是上天在我们每个人身上都播撒了“才华的种子”，只要我们愿意浇灌，任何时候都可以让它发芽开花。摩西奶奶一生忙于照顾子孙，直到七十多岁才开始浇灌自己的才华种子，照样让它开出了绚丽的花朵。

摩西奶奶喜欢描绘平凡而温馨的日常生活。比如小村庄的春夏秋冬，男女老少欢聚一堂的小聚会、大聚会。

她一共生了10个孩子，但其中5个孩子都早早夭折了。如果有人问我，白发人送黑发人和黑发人送白发人哪个更悲痛，我恐怕要沉思好一阵儿，才会回答是前者。毕竟按照普遍规律来说，大家对于黑发人送白发人更容易接受一些。在我周围，也有一些白发人送黑发人的情况发生。每当看到那些送走孩子之后无比哀痛的父母，我都会禁不住感叹，原来世界上还有如此沉重的悲伤。

让我们来看看摩西奶奶创作的《缝纫聚会》这幅作品。画面中有许多人，每一个人的动作造型都各不相同。如果你仔细观察，还会发现餐桌底下藏着一只小狗，站在餐桌前的小朋友偷偷将玩具藏在了身后。整个画面之生动，让人仿佛能听到现场传来的喧哗声。摩西奶奶喜欢画孩子，也许她是想通过这种方式来怀念自己早逝的子女。而画面中大家庭其乐融融的场面，仿佛表达了摩西奶奶渴望全家团聚的心愿。

摩西奶奶原本十分擅长刺绣。在 72 岁丈夫去世之后，她患上了严重的关节炎，才开始用绘画来打发时间。没想到，她不画则已，一画就停不下来。就这样，她越画越多，越画越好，终于让自己的绘画天赋彻底发挥出来。

有一天，一位名叫路易斯·格莱德（Louis Glador）的美术爱好者来到摩西奶奶所在的小村庄，购买了一幅她的作品。在那之后，又有一个名叫奥托·卡利尔（Otto Kallir）的画商将她的作品放到纽约一个画廊展出。很快，摩西奶奶就在纽约火了起来。她朴素温馨的绘画风格像一股清泉，滋润了都市人干涸的内心，为死气沉沉的都市森林带来了新鲜活力。随后，摩西奶奶的画展从美国开到了欧洲，乃至世界各地。1949 年，美国总统哈里·杜鲁门亲自授予她“女性新闻俱乐部大奖”。1960 年，尼尔森·洛克菲勒纽约州长宣布将摩西奶奶的一百岁生日定为

缝纫聚会
The Quilting Bee

摩西奶奶

1950

“摩西奶奶日”。

摩西奶奶于101岁辞世。虽然她已经离开了，但她的作品却依然温暖着我们。我之所以将她放在本书最后一篇，是因为我从她的作品中感受到了一种艺术最本质的魅力。也许，我之前看过的所有名画都是为了与她的作品邂逅做准备。

摩西奶奶的故事让我想起了我的母亲。她30多岁就患上了糖尿病，血糖指数比一般的糖尿病患者都要高出许多。做护士的妹妹说，她的血液黏稠度高得吓人。虽然医生和家人都为她担心，她自己却并不害怕，反而一边养病，一边做着自己喜欢的事，慢慢好了起来。

妈妈出生于全罗南道宝城一个富裕家庭，外婆十分重视教育，一直支持她念完了大学设计系。她二十四岁就和自己哥哥的朋友，也就是我的爸爸结婚了。刚结婚不久，爸爸家的生意就出了问题，两个人的生活顿时陷入困境。生完我和妹妹之后，妈妈陪着爸爸一起在首尔赚钱还债。

妈妈原本是一个特别精致的女人，喜欢打扮和购物。但来到首尔之后，她只能在杂货店、保险公司做着与自己的专业毫不相干的辛苦工作，根本没有精力妆扮自己。但即便如此，她也从来没有叫苦叫累，也没有埋怨过爸爸。妈妈总是说，一个人不管做什么，只要在团队里做那个最认真、最投入的人，就一定会成功。她还经常教育我们，不管遇到什么样的困难，都要保持乐观的心态去面对。另外，她还告诉我们即便是在最艰难疲惫的时刻也要找到自己的方法战胜压力，并充满热情地享受生活。

记得小时候，我和妹妹有一次在菜市场附近迷路了。一位打扮十分漂亮的阿姨发现了我们，便帮我们给妈妈打了电话。不一

捉火鸡

Catching the Turkey

●

摩西奶奶

●

1940

木板油画

会儿，我们就看到妈妈从远处跑了过来。她看上去那么憔悴、那么邋遢，简直就是整条街上最土的村妇。

“那就是你们的妈妈吗？会不会太邋遢了？”

漂亮的阿姨笑着说道。虽然当时我年纪还小，但还是被这句话刺伤了。一想起照片上妈妈年轻时风姿绰约的样子，我的内心一阵酸楚。我默默地看着那位嘲笑妈妈的阿姨，心里暗暗地想，总有一天我的妈妈会找回自己，变回那个漂亮的妈妈。

时间过得很快。转眼之间，我和妹妹都考上了大学。这时，家里的境况也好了许多，妈妈总算是可以清闲下来重新开展自己热爱的绘画事业了。虽然她已经 50 岁高龄，心中却依然怀着一个画家梦。刚开始学画人体画的时候，她害怕父亲看见，还总是悄悄把画藏在我的床底下。那段时间，她总是红着脸抱着画作来到我的房间，一边给我展示那些关键部位不详的作品，一边嘀咕着“可惜有的地方还没画好呢”。她一方面很害羞，一方面又忍不住想显摆，就连表妹来家里做客都要被她拉去看她的作品，实在是有趣得很。

不久之前，妈妈的人体速写作品开始有机会参加一些展览。现在，她不仅参加了不少群展，还拿了几个奖。我万万没想到，她竟然成了摩西奶奶一样的人物。我相信，只要她坚持画下去，总有一天会成为东方的摩西奶奶，而且是最漂亮的摩西奶奶。

今天，妈妈也和往常一样，坐了 2 个多小时的车去学画画。虽然学画的过程很辛苦，她却只感到幸福。而作为家人，我们看着这样的母亲也倍感幸福与骄傲。

正如老话所说，“人生没有太晚的开始”。只要我们愿意，我们随时都可以重新开始。

历史上有太多大器晚成的例子。亨利·卢梭直到 40 岁才正式开始画家之路，伊曼努尔·康德（Immanuel Kant）直到 57 岁才发表了“批判三部曲”的第一部——《纯粹理性批判》。德国发明家约翰内斯·古腾堡（Johannes Gutenberg）到 61 岁才发明了印刷机与金属活字，可可·香奈儿在沉寂 15 年之后重归时尚界时，已经 71 岁。

当我们以为追逐梦想的权利只握在年轻人手上时，有的人已经在四五十岁开始新的挑战。当我们以为晚年只是为生命的终结做准备时，有的人已经在六七十岁高龄向新的梦想发起冲击。正因为有这样一些人的存在，世界才会变得如此美好，我们才会不断获得前进的勇气和希望。

我将要回到天空

在欣赏完这世间美景的那一天

回到天空，告诉人们这里很美

这是刻在诗人千祥炳墓碑上的文字，也是他的著名诗歌《归天》中的一部分。

人生，不过是我们回到天空之前的一趟限时旅行。这趟旅行是否美好，完全取决于我们自己。如果你现在感到自己想做某件事而为时已晚，那就赶快开始吧。现在开始，一切都来得及。

请记得，岁月虽然给我们带来皱纹，但只要有一颗勇于挑战的心，我们的灵魂将永远年轻。

图书在版编目（CIP）数据

疗愈美术馆 / (韩) 李沼泳著；李舟妮译．-- 南京：江苏凤凰文艺出版社, 2016
ISBN 978-7-5399-9611-0

Ⅰ. ①疗… Ⅱ. ①李… ②李… Ⅲ. ①散文集－韩国－现代 Ⅳ. ①I312.665

中国版本图书馆CIP数据核字（2016）第199932号

版权登记号：10-2016-380

书　　名	疗愈美术馆
作　　者	（韩）李沼泳
译　　者	李舟妮
责任编辑	邹晓燕　黄孝阳
出版发行	凤凰出版传媒股份有限公司 江苏凤凰文艺出版社
出版社地址	南京市中央路 165 号，邮编：210009
出版社网址	http://www.jswenyi.com
发　　行	北京时代华语图书股份有限公司　010-83670231
经　　销	凤凰出版传媒股份有限公司
印　　刷	北京尚唐印刷包装有限公司
开　　本	880 × 1230 毫米　1/32
印　　张	8.5
字　　数	200 千字
版　　次	2016 年 10 月第 1 版　2016 年 10 月第 1 次印刷
标准书号	ISBN　978-7-5399-9611-0
定　　价	39.80 元

本书是一个艺术从业者的喃喃低语，她从私人化的角度来讲述自己与那些伟大艺术作品相遇的故事。人生对于每个人来说，都像是一个巨大的迷宫，充满了无数困惑与挣扎，以及各种各样的情绪彼伏。幸好我们有艺术这样的镜子，得以从中照见自己。在寻找自我的漫漫征途中，它们就像天空之中最明亮的星星那样给予指引，让我们不会轻易迷失，它抚平我们的伤口，把源源不断的力量注入到我们的灵魂之中。

每个人的经历不同，审美不同，因此产生共鸣的作品也不同。作者提供了一种与艺术相处的方式以及观看的引导，如何在艺术作品的自我投射里去应对种种生命的课题。“太阳底下并无新鲜事”，那些人生措手不及的难题与痛，尽管呈现形式不一，却最终提炼成被伟大作品反复咀嚼的情感体验。我们不再恐惧和慌张，因为那些力量始终与我们同在。

时代华语股份

相 信 美 好

图书策划：刘　平

责任编辑：邹晓燕　黄孝阳

装帧设计：lemon

凤凰出版传媒股份有限公司
PHOENIX PUBLISHING & MEDIA, INC.

医生治愈我们的肉身
艺术治愈我们的心灵

Healing Art Museum

我们被艺术作品所感染，仿佛倾听着另外一个灵魂的耳语。在那个时刻，我们分享着某种模糊而相似的体验。正如我们在一首乐曲里失声痛哭，却是痛哭着属于自己的故事。尽管每个人哀伤的理由不尽相同，可是“悲戚”本身却像是一座桥梁，打通了彼此的心灵。我们挣脱了这个星球上维度的束缚，紧紧拥抱在一起，在灵魂深处互相慰藉。

这些被封存在作品里的情感体验如此似曾相识，仿佛和我们每个人的内心深处某个遥远的过去彼此应和，牵引着某种呼之欲出的情绪。你忍不住回溯到某段潜意识深处的记忆，在此释放了那些狭路相逢的恐惧和不安，又或者是重新触碰到那些柔软和温暖。那些尽管隔着千百年物是人非、并且超越了语言文化宗教种族等种种差异，却在某种频率上引起个体共振的存在，是一种被我们称之为Humanity的东西，闪耀着伟大的人性光辉。

收录70余幅经典名画
全彩四色 × 典雅装帧

在 艺 术 的 世 界 里
寻 找 内 心 的 缺 失

上架建议：艺术·随笔

ISBN 978-7-5399-9611-0

9 787539 996110 >

定价：39.80元